Verena Scheuer

Wir suchen Dich aus

Über das Zusammenleben von Mensch und Tier

© 2013 Verena Scheuer
Fotos: Verena Scheuer

Herstellung und Verlag: BoD–Books on Demand, Norderstedt

ISBN 978-3-7322-5598-6

Für Minka

Die Katze ist nicht mein Gefangener,
sondern ein unabhängiges Wesen von
fast gleichem Status,
das zufällig im selben Haus lebt, wie ich.

Konrad Lorenz)

Inhaltsverzeichnis
<u>Der Mensch kommt zu Wort:</u>

Ein Haustier, niemals!	11
Welche Tiere sind für Kinder geeignet? Sind Kinder für Tiere geeignet?	15
Gibt es Trendtiere?	21
Ein Tier und dann?	25
Tierliebe	29
Unsere Entscheidung für ein Tier	31
Auf der Suche nach dem „richtigen" Tier	33
Wer sucht wen aus?	39
Zweiter Versuch das „richtige" Haustier zu finden	45
Wir werden ausgesucht ... fürs Leben	53
Eine Katze gibt dem Haus eine Seele	57
Von Katzen versteht niemand etwas	61
Unterschied zwischen einem Tier, das wir aussuchen und das uns aussucht	65
Verschiedene Charaktere	69
Katzen sind Individualisten	75
Die Liebe einer Katze ist unergründlich	81
Liebeserklärung an die Katze	87
Minka und Bobby	89
Neugierde ist nicht immer der Katze Tod	97
Die dollen fünf Minuten	101
Lieblingsplätze der Katzen	103
Fressverhalten	107
Katzenklappe pro und contra	111
Wie Hund und Katze, stimmt das?	115
Verletzungen bei Tieren	121
Überlegungen zur Anschaffung eines Haustieres	129
Katzenkrankheiten und alternative Methoden	135

Arztbesuche und Medikamenteneinnahme	141
Katzenjahre in Menschenalter	147
Abschied und Trauerverarbeitung	149

<u>Auch die Tiere melden sich zu Wort:</u>

Der Wunsch aller Tiere	153
Frenzy	155
Stubsi	169
Blacky	183
Minka	197
Die Brücke des Regenbogens	207
Bobby	209
Quellenangabe	215

Ein Haustier? Niemals!

Ein Tier? Was soll ich mit einem Tier? Tiere machen Schmutz, machen Arbeit. Man muss sie füttern, Gassi gehen, Auslauf gewähren. Sie brauchen adäquate Behandlung, artgerechte Behausungen, Zuwendung. Sie rauben unsere Zeit. Nein, nein in mein neu designtes Haus kommt mir kein Tier. Noch mehr putzen, eventuell Ausscheidungen weg machen, was ist wenn das Tier krank wird? Was ist mit Urlaub, am Wochenende fortfahren, spontane Besuche? Nein und nochmals nein, da lasse ich mich nicht erweichen. Da können die Kinder noch so betteln. Wer passt denn in Wirklichkeit auf das Tier auf, hm? Im Endeffekt bleibt es doch wieder an mir hängen. Klar sind Kleintierbabys niedlich und süß, aber auch die werden mal groß ... und dann?

Also wirklich, ich verstehe meine Kinder nicht. Wieso kommen die plötzlich auf die Idee sich ein lebendiges Tier zu wünschen? Sollen sie sich doch ein Stofftier wünschen, oder ein Spiel oder ein Instrument! Wenn ihnen langweilig ist, können sie gerne noch verschiedene Kurse besuchen. Vielleicht Eislaufen, Paintball, Yoga,- hatten wir auch noch nicht-, ach, denen fällt schon was ein. Was haben meine Kinder nicht schon alles angefangen und nach kurzer Zeit wieder aufgegeben. Lange blieben sie nie bei einer Sache und jetzt der Wunsch nach einem Haustier. Wieder so eine spontane, nicht durchdachte Idee!

Ich bin froh, dass meine Kinder endlich aus dem Gröbsten heraus sind, dass ich nicht immer eilig das herumliegende Spielzeug in Kisten werfen oder unters Sofa kicken muss, wenn es an der Tür klingelt. Ich brauche nicht mehr in Hektik zu verfallen, wenn sich spontaner Besuch ankündigt. Meine Blicke irren nicht mehr in den Räumen herum. Liegt irgendwo noch etwas, das absolut nicht dahin gehört? Sind keine schmutzigen Patschhände auf dem Glastisch, Fernseher, Türen oder Tapeten verewigt? Keine Essensreste mehr im Teppich verschmiert oder hinter Kissen versteckt? Nein, ich kann in Ruhe aufatmen, diese Zeit ist Gott sei Dank vorbei.

Als wir uns gewiss waren, dass keine Tassen, Teller oder Gläser mehr zu Bruch gingen; dass unsere Kinder ihren Würgereiz unter Kontrolle hatten und sich nicht überall übergaben; sie endlich gelernt hatten, dass schmutzige Schuhe im Flur ausgezogen werden und niemand damit durchs Haus läuft, um mal eben ein vergessenes Spielzeug zu holen; man sich nach dem Spielen die Hände wäscht bevor irgendetwas im Haus angefasst wird. Ja, als wir uns sicher waren, dass unsere Kinder die Regeln spielend beherrschten, da überlegten wir uns, endlich neue Möbel anzuschaffen. Wie wünschte ich mir Möbel, die sich nicht unbedingt nach den Bedürfnissen und Kriterien der Kinder richten. Nicht mehr Möbel, die unbedingt etwas aushalten müssen, Möbel auf denen man den Staub und die Kratzer nicht so sieht, keine nur funktionalen Möbel mehr. Mein Traum war ein modernes Haus. Gut, die Kinder wollten ihre Zimmer gestalten, wie sie es wollten, aber mein Plan stand fest. Ideen hatte ich genug, die mir im Kopf rumspukten und immer mehr Gestalt annahmen. Bald war das Haus im Geiste durchgeplant und ich konnte nach und nach mit der Umsetzung beginnen. Die Möbel, an denen man das Zeitalter ablesen konnte, etwa das lila L- förmige Sofa aus den Neunzigern oder die maron farbige Schrankwand aus den Achtzigern, verschwanden. Schwarz-weiß und Chrom hielten Einzug. Lack, Leder und Glas sind die dominierenden Materialien. An bestimmten Plätzen stehen ausgesuchte Gegenstände. Alles passt zueinander und harmoniert. Das Auge kann sich ausruhen, ist nicht überfordert. Manche Freunde meinen schon unterfordert, da die Einrichtung spartanisch sei. Spartanisch, ha, ich nenne das modern, puristisch, zeitlos, klassisch. Ich fühle mich wohl, das ist die Hauptsache und mittlerweile machen das einige nach. Eine Einrichtung, die mir entspricht, die meinen Geschmack trifft, hell und freundlich. Alles wirkt großzügig. Auch meine Kinder gehen sorgfältig mit den Möbeln um und achten darauf. Welch eine Wohltat, Besuch ohne Reue und schlechten Gewissen empfangen zu können. Was ist die Welt doch schön!

Welche Tiere sind für Kinder geeignet?
Sind Kinder für Tiere geeignet?

Wenn uns Bekannte von ihren Tieren erzählten, verstand ich sie nicht. Du meine Güte, die sollen sich doch nicht so anstellen wenn ihre Tiere mal nicht fressen oder einen Blähbauch haben. Regelmäßige Impfungen, Besuche beim Tierarzt, ist das nötig? Es sind doch nur Tiere, die leben auch wild. Wie viele streunende Hunde und Katzen gibt es? So oft liest oder sieht man in den Medien, dass Tiere misshandelt oder ausgesetzt werden.

Kleine Kinder wünschen sich Tiere als Spielgefährten, und wissen nicht damit umzugehen. Zupfen hier, pieken da, tun Tiere mehr oder weniger wissentlich weh.

Kaninchen zu Ostern, eine echt super Idee! Schnell finden die Kinder heraus, dass sie nicht den Osterhasen geschenkt bekommen haben. Das, was dann im Stall liegt, sind keine Ostereier und die Hinterlassenschaft muss auch noch weggemacht werden. Kaninchen sind gesellige Tiere und brauchen gleichartige Spielkameraden. Aber das bedenkt kaum ein Elternteil, wenn sie ihren Kindern die Freude eines lebenden Hasen machen. Und ... nicht jedes Langohr möchte ständig herumgetragen werden, zappelt und lehnt sich dagegen auf. Also geht bald das Interesse daran verloren. Das süße Kaninchen wird lästig.

Aber ein **Hamster** ist doch für ein Kind geeignet, nicht wahr? Läuft den ganzen Tag im Käfig oder Laufrad herum, sagt nichts, ist pflegeleicht. Er ist so klein, dass das Kind ihn in die kleine Hand nehmen und streicheln kann, wenn er nicht entwischt und eine Hetzjagd durch den Raum beginnt. Aber der kleine Knilch hat einen ganz anderen Biorhythmus wie wir Menschen. Ein Hamster schläft am liebsten am Tage und ist nachts aktiv. Er fühlt sich deshalb durch die Kinder gestört, die ihn tagsüber aus dem Stall holen, oder ihn animieren im Laufrad seine Runden zu absolvieren. Jogging interessiert ihn tagsüber überhaupt nicht. Auch unterliegt es einem Irrglauben, dass der kleine Kerl gerne in dem Rad läuft. Das dreht sich viel zu schnell und löst eher eine Verhaltensstörung aus. In der Natur, wo er eigentlich lebt, kommt so ein Konstrukt nicht vor. Spielkameraden an seiner Seite werden nicht geduldet. Hamster sind Einzelgänger. Wer ahnt auch schon, dass selbst so ein kleines Wesen von ein paar Zentimetern einen großen Käfig braucht, am besten ein Terrarium, wo es artgerecht buddeln, sich verstecken und Gänge graben kann? Sie sind keine Kuscheltiere. Wenn es ihnen zu viel wird, können sie auch fest zubeißen. Spätestens dann ist der Bedarf an Hamster für das Kind gedeckt.

Also, wenn kein niedliches Kaninchen und kein süßer Hamster, dann doch wohl ein **Vogel**? Die sitzen nur im Käfig und zwitschern so schön. Ja sicher zwitschern sie, aber nur wenn es ihnen gut geht. Wo wir bei artgerechter Haltung wären, denn die meisten Vögel verbringen Jahr um Jahr in einem viel zu kleinen Käfig.

Außerdem sind die meisten Schwarmvögel und brauchen Gesellschaft, ansonsten werden sie seelisch krank. Das hört man häufiger von den exotischen Vögeln wie Papageien und Kakadus, die meist einzeln gehalten werden und oft sich selber überlassen sind. Zuerst fangen sie an, sich ihre eigenen Federn auszurupfen, um sich später sogar Bisswunden zuzufügen. Vögel sind sehr sensible Tiere. Man merkt schnell, wenn es ihnen nicht gut geht und sie psychisch leiden. Und denkt ihr an den Freiflug, den sie täglich brauchen, auch wenn hinterher das Einfangen der Lieblinge etwas umständlich ist? Dabei bitte recht vorsichtig sein, Verletzungsgefahr, aber für die Tiere. Verstreute Körner um den Käfig, erfreut nicht jede Hausfrau. Quintessenz, auch Vögel eignen sich nicht zum Spielkameraden.

Sind **Schlangen, Schildkröten** oder **Echsen** für Kinder? Doch wohl kaum. Der Kuschelfaktor entfällt vollkommen. Also können wir diese Tierarten schon mal ausschließen, denn Kinder drücken sich nicht gerne die Nasen nur an einem Terrarium platt. Sie wollen kuscheln, wollen spielen, wollen eine Resonanz von ihrem Spielpartner erhalten.

Ich glaube auch, dass **Ratten** und **Mäuse** erst gar nicht von Eltern in Betracht gezogen werden. Gerade wir Frauen haben doch einen Heidenrespekt vor den Tieren. Wenn ich nur das Wort Maus höre, zieht sich bei mir alles zusammen. Ich habe nie ein Negativerlebnis mit den Tieren gehabt und trotzdem überkommt fast jeden von uns ein mulmiges Gefühl, wenn wir von diesen Tieren sprechen. Egal ob Wüsten-, Renn-, oder Springmaus, diese Tiere - und auch weder weiße noch sonstigfarbenen Ratten - sind keine Kuscheltiere für Kinder. Die Bisse können recht schmerzhaft sein.

Welche Tierart könnte noch auf der Wunschliste unserer bittenden, flehenden, schreienden, mit großen Augen bettelnden Kinder stehen? Natürlich unsere Samtpfötchen, die **Katzen**. Wie süß die aussehen, wie weich ihr Fell ist, wie tollpatschig wenn sie noch klein sind. Wie aber jeder weiß, alles Kleine wird einmal groß. Es gibt geduldige Katzen, die sich fast alles gefallen lassen und Katzen, die gleich zurückschlagen, wenn ihnen etwas nicht passt. Man weiß nur nicht im Voraus welchen Charakter die gekaufte oder geschenkte Katze hat. Ein Kätzchen vom Bauernhof liebt eher die Freiheit. Ihr liegt das Streunen schon im Blut. Katzen sind Individualisten. Es ist unmöglich sie zu zähmen oder zu formen. Nur in gewisser Weise lassen sie es zu, ansonsten ist es eine Vergewaltigung ihrer Natur. Gerade das macht die Katzen so einzigartig, dass sie ihren eigenen Charakter haben. Sie handeln, wie es ihnen gefällt und nicht nach dem Wunsch des Menschen. Wenn eine Katze etwas lernt, z.B. eine Tür zu öffnen oder durch einen Reifen zu springen, dann macht sie es nur, weil sie es will und nicht irgendjemanden zu liebe. Sie spielt nicht den Clown um Aufmerksamkeit zu erringen. Die meisten lieben die Ruhe, genießen die Wärme und brauchen die Gleichförmigkeit. Werden sie geärgert, am Schwanz gezogen, ins Wasser geworfen oder versucht sie zu waschen, ja, dann macht man auch mal unliebsame Bekanntschaft mit ihren Krallen. Deshalb können Katzen Kuscheltiere sein, müssen es aber nicht. Es kommt ganz darauf an, welchen Charakter die Katze hat und wie mit ihr umgegangen wird.

Womit wir zu den **Hunden** kämen, die noch die besten tierischen Spielkameraden für Kinder sind, denn es gibt bestimmte Rassen, die gutmütig, liebevoll und kinderfreundlich sind. Sie freuen sich über Zuwendung, Gassi gehen, gemeinsame Spiele. Sie sind gelehrig, anpassungsfähig, erziehbar. Aber selbst der liebste, schmusigste Freund braucht Pflege, Zuwendung, Fressen und mal Zeit für sich.

Wer hat bei diesen Bedenken noch Lust ein Haustier zu halten? Die wenigsten Erwachsenen machen sich wirklich Gedanken um das Tier. Viel lieber wird den Kindern der Gefallen getan, weil sie es sich so sehr wünschen. Man entgeht fürs erste dem Stress mit den Quälgeistern. Unseren Kleinen ist natürlich die Verantwortung für ein Tier nicht bewusst. Pflichten, sich um das Tier zu kümmern, was ist das? Ein lebendiges Tier ist für sie ein Spielzeug wie andere Spielsachen auch. Wenn das Interesse verloren geht, was dann? Dann ist das Los der Tiere meist das Tierheim oder sie werden einfach ausgesetzt. Das hat kein Lebewesen verdient, Spielball für Lust und Launen zu sein.

Um so etwas brauchte ich mir keine Gedanken zu machen. Mit überzeugenden Argumenten konnte ich immer wieder den Bitten meiner Kinder entgegen treten. Sollten sie Nachbars Katze streicheln, deren Hund Gassi führen, die Meerschweinchen und Kaninchen ihrer Freunde füttern oder mit ihnen spielen. Dann sehen sie die erfreulichen Seiten der Tiere, gehen aber keine Verpflichtung ein. So viel zu meinem Standpunkt.

Und dann wollte doch der Patenonkel meiner Tochter einen Hund zum Geburtstag schenken. Ja, was sollte das denn? Nur weil von Elternseite das Bitten der Kinder nicht erhört wird? Das gibt's doch gar nicht. Mit Engelszungen und tausend Argumenten und Ausreden aus Elternsicht, ließ sich der Patenonkel dann überzeugen, dass ein Haustier und dazu noch ein großer Hund überhaupt nicht zu uns passt. Puh, gerettet! Mein Haussegen war wieder in Ordnung.

Gibt es Trendtiere?

Immer mehr unserer Freunde und Bekannte legten sich einen Hund zu. Erst die einen, dann die anderen. Besuchten wir nach längerer Zeit Bekannte, schwups, war da auch ein Hund und bellte uns entgegen. Ja, war jetzt Hundebesitz „in"?

Selbst Hunderassen unterliegen irgendwo einem Trend. In den Fünfzigern war der Pudel der Modehund und auch der Spitz war wohlgelitten. In den nächsten Jahrzehnten wurden Cocker Spaniel, Basset und Dackel, dann Retriever und Terrier, später West Highland Terrier, Mops, Bullterrier und Dalmatiner die Favoriten und Begleiter des Menschen. Zu Zeit schmückt man sich mit Chihuahuas, Yorkshire Terrier, Labradors. Auch der Mops wird wieder aktuell. Im Prinzip kommt alles wieder in Mode, so auch bei den Tieren.

Warum welche Hunderassen zu bestimmten Zeiten modern sind und werden, kann keiner sicher beantworten. Mit verantwortlich sind auf jeden Fall Prominente, die ja im Allgemeinen gerne imitiert werden. Aber auch durch Filme oder Werbung kann der Trend entstehen. Wenn man zum Beispiel an die Filmserie „Lassie" denkt und später an den Film „ Hundert und ein Dalmatiner", oder an die „Hush-Puppie" Werbung. Eine große Nachfrage bezüglich der entsprechenden Hunderassen entstand nach der Ausstrahlung im

Fernsehen. Leider denken die Menschen dabei nur an sich und nicht an die Tiere. Viele Hunde werden entgegen ihres Triebes und Bestimmung nicht mehr artgerecht gehalten. Sie werden sozialisiert, dem Menschen und seinen Bedürfnissen angepasst. Was soll z.B. ein Border Collie in der Stadt? Er braucht viel und lange Auslauf, intensivste Beschäftigung. Es sind intelligente, anspruchsvolle Tiere, die zum Schafe hüten geboren sind. Viele Tiere, die nicht ihrem Wesen nach gehalten und gefordert werden, sind frustriert, werden auffällig und keine Freude für ihre Halter.

Die Rolle der Hunde ist klar vom Menschen definiert, treue Partner ohne Widerworte! Aber trotzdem und vielleicht gerade deshalb führt die Liebe zu ihren Vierbeinern zu seltsamen Verhalten. Manche tragen ihre Lieblinge die Treppen hoch oder stecken sie in große Taschen, damit sie bloß nicht so viel laufen müssen, oder die Gelenke überstrapaziert werden. Außerdem fällt man damit auf und kommt ins Gespräch. Gesehenwerden ist für viele alles.

Aber da der Mensch es ja nicht lassen kann und auch dem lieben Gott gerne ins Handwerk pfuscht, wird jetzt vermehrt versucht ein „Allergiker Hund" zu züchten. Bloß keine haarenden Vierbeinerfreunde. Natürlich müssen auch den Menschen passenden Eigenschaften und Verhaltensweisen angezüchtet werden. Die armen Tiere dürfen nicht mehr sein, wie Gott sie schuf.
Es gibt allerdings schon einige Hunderassen, die wenig haaren, wie zum Beispiel den West Highland Terrier.

Auf Nackthunde komme ich erst gar nicht zu sprechen, die armen Wesen. Und wie müssen Tiere leiden, nur weil ihnen etwas angezüchtet wird, das die Menschen lieben, wie z.B. extreme Falten, Stummelbeine oder kurze Schnauzen. Da lobe ich mir die Mischlingshunde, die sind meist so süß. Sie sind zwar im Auge des Züchters nichts „Wert" (finanziell und rassisch gesehen), aber die Vierbeiner sind wenigstens keinem Zuchtstress ausgesetzt und dürfen ihr eigenständiges Leben führen.

Ein Tier und dann?

An das alles musste ich denken, als ich dann die reinrassigen Hunde meiner Freunde sah. Manche noch stolz auf den Stammbaum. Na, ja, des Menschen Wille ist sein Himmelreich, aber ob der Hund das auch so sieht? Ihm ist es doch egal woher er kommt, und ob sich ein „von und zu" in seiner ach so langen Ahnenreihe befindet, er möchte nur geliebt und artgerecht behandelt werden.

Nein, was wurde für ein Bohei um die Hunde gemacht. Extrakörbchen gekauft, dafür eine Hundedecke, am besten noch besonders flauschig. Hundeleinen in verschiedenen Längen, nicht nur ein Halsband, sondern auch noch ein Geschirr, damit das Genick entlastet wird. Nicht zu vergessen das Regen-, Winter- und was weiß ich Mäntelchen. Verschiedene Sorten von Nass- und Trockenfutter, denn auch Hunde mögen unterschiedliche Geschmacksrichtungen und nicht jeden Tag das gleiche Fressen. Zwischendurch mal Snacks wie getrocknete Schweineohren, Kauknochen, Pferdehaut oder trockene Sprotten. Wer aber seinem Liebling etwas besonders Gutes tun will und gleichzeitig noch unter Beachtung des gesundheitlichen Aspektes, der kauft Zahn pflegende Kausnacks, Leckerlis für gesundes glänzendes Fell, zuckerfrei mit reduziertem Fettanteil, mit besonders vielen Vitaminen und Omega 3 Säuren. Nicht zu vergessen, Knabbereien für die langen Spaziergänge, die besonders fest sind und nicht in der Tasche krümeln. Und natürlich die diversen Spielsachen, die es speziell für Hunde gibt.

Erwachsene Menschen mit denen wir jahrelang auf gleicher Ebene kommunizierten, benahmen sich plötzlich sehr kindisch, sobald sich ihr Haustier in der Nähe befand oder zu ihnen gesellte. Sogleich verfielen sie in die Ammensprache, die bei Babys oder Kleinkindern Anwendung findet. Die Tonlage ist erhöht, die Syntax vereinfacht sich, es folgen viele Satz- oder Satzteilwiederholungen: „Ja, komm Rufus, komm her! Ja, komm!" „Wo ist denn unser Rufus, wo ist er denn?" „Sitz Rufus! Sitz!" Die natürlichsten Bewegungen des Tieres wurden bestaunt und kommentiert: „Guck mal, er hat sich auf den Rücken gedreht. Sieht das nicht süß aus?" „Nein, wie niedlich, wie er so alle Viere von sich streckt." „O, schau mal, wie er guckt! Diese großen Augen!" und und und. Das Sprachverhalten und die Sprechweise zu einem Jungtier entwickeln sich zurück, gerade so als ob man mit einem kleinen Kind reden würde. Erst als die Tiere älter, beziehungsweise meine Freunde sie schon einige Jahre hatten, reduzierte sich das Entzücken ob deren Verhalten und die Stimmlage normalisierte sich wieder, der Satzbau enthielt keine Echolalien mehr. Der Glanz in den Augen der stolzen Besitzer blieb aber bestehen.

Mehr oder weniger „gut" wurden die Lieblinge „erzogen". Einige schleppten ihre Hunde in Hundeschulen, andere setzten auf persönliche Erziehung, andere wiederum ließen sich von ihren Vierbeinern alles gefallen. Da reagierte der Besitzer eher ganz nach Lust und Laune seines Hundes. Da war nichts mit apportieren, Sitz- und Platz machen, kein Fuß- oder Pfötchen geben. Hier riefen sich die Herrchen die Lunge aus dem Leib beim Gassi gehen, ehe ihr Liebling sich mal bequemte vom Kaninchenloch zu trennen; endlich einsah dass Vögel fliegen können; oder merkte, dass Duftmarken zu alt waren, um sie noch zu verfolgen. Einige durften ihren Vierbeiner tragen, weil dieser nicht mehr laufen konnte oder wollte, oder gaben ihm eine andere Futtersorte, wenn er die eine verschmähte. Ja, so einfach ist das denn doch nicht mit der Hundeerziehung!

Dann lobe ich mir die Fische im Aquarium, die tagein / tagaus nur im Carre schwimmen und fressen. Ab und an mal das Wasser wechseln, das Glasbehältnis und den Filter reinigen. So einfach kann es auch mit Haustieren sein. Der einzige Nachteil, man kann nicht mit ihnen kuscheln und ob sie wirklich zuhören wenn man mit ihnen redet?

Ich konnte die Menschen nicht verstehen, die an ihren Tieren hängen, alles für sie tun, hunderte wenn nicht sogar tausende für Medikamente oder Operationen ausgeben, Schon- oder Diätkost verabreichen und ihren Vierbeinern intensivste Beachtung, Zuneigung und Liebe entgegen bringen. Nein, das war etwas, das ich überhaupt nicht nachvollziehen und verstehen konnte. Für mich waren das Tiere, mehr auch nicht. Dafür nicht in den Urlaub fahren zu können, oder überlegen wohin man fahren kann wo Hunde erlaubt sind, unvorstellbar! War ich doch gerade froh, dass meine Kinder dem Kleinkindalter entschlüpft waren, wie ich eingangs schon erwähnte.

Tierliebe

Ob Hund, ob Kätzchen, glaub es mir,
sie hängen zärtlich nur an dir.
Wenn du sie hegst und liebend pflegst,
es dir sein Herz zu Füßen legt.

Ein Tier kennt keine Falschheit nicht,
es schaut dir ehrlich ins Gesicht,
es möchte in deinen Augen lesen,
dass du verstehst das kleine Wesen.

Ja, selbst wenn du mal vergessen,
hat's treulich wartend da gesessen.
Kein Andern läßts ins Herz hinein,
möchte nur in deiner Nähe sein.

Hast du mal Sorgen oder Schmerz,
hört es dir zu, das ist kein Scherz.
Es wird dir sein der beste Freund,
wenn du's mit ihm auch ehrlich
meinst.

(Quelle: internet
Autor unbekannt)

Unsere Entscheidung für ein Tier

Meine Kinder, besonders aber meine Tochter, baten und bettelten und versprachen in den höchsten Tönen, sich um das eventuelle Haustier zu kümmern, Hauptsache sie bekämen eins.

Unserer Tochter ging es damals gesundheitlich nicht gut und wir konsultierten den Kinderarzt. Der riet uns zu einem Haustier, da dies gut für die Psyche sei. Außerdem verbessere der Umgang mit Tieren das Sozialverhalten und Pflichtbewusstsein der Kinder. Auf Grund dieser Aussage fingen mein Mann und ich an, uns mit dem Thema Haustier näher zu beschäftigen und damit auseinander zusetzen.

Gerade das Thema Psyche sprach mich an. Wie oft hört und liest man in den Medien, dass Haustiere manchmal die letzten Gesprächspartner und Bezugspersonen für ältere Menschen sind. Wenn der Ehepartner nicht mehr da ist, der Verwandten- und Bekanntenkreis altersentsprechend kleiner wird, ist ein Haustier für viele ein Ersatz. Sie haben jemanden um den man sich kümmern muss, mit dem man reden kann, wegen dem man unter Menschen kommt. Durch die täglichen Spaziergänge mit dem Hund werden noch vielfältig soziale Kontakte geknüpft. Außerdem bleiben ältere Menschen dadurch beweglicher, flexibler, aktiver und geistig reger.

In einigen Altersheimen dürfen die Bewohner ihre Haustiere mitnehmen. Dort, wo die Erlaubnis nicht gilt, werden aber oft Vogelkäfige im Aufenthaltsraum für die Allgemeinheit hingestellt, oder Kaninchen in Außenställen im Garten untergebracht. Von einigen Heimen habe ich gehört, dass Angehörige ihre Hunde zu Besuch mitbringen dürfen. Es werden auch extra Menschen mit Hunden, Katzen oder Kaninchen zu therapeutischen Zwecken hinzugezogen. Die älteren Menschen werden ruhiger, zufriedener und glücklicher, wenn sie ein Tier streicheln. Es ist nicht nur eine Abwechslung für sie im Alltagsleben, sondern es fördert und unterstützt auch die Gesundheit und das Allgemeinbefinden.

Mit den Kindern traten wir dann in Diskussionen, welches Tier für uns und unsere Lebensumstände in Frage käme. Besonders die Themen: Sauberkeit, Fütterung, eventueller Auslauf wurden intensiv besprochen. Ich wollte ja keine Arbeit damit haben, das sollten schön meine Kinder erledigen. Schließlich wünschten sie sich ein Tier, nicht ich! Nachdem wir uns entschlossen hatten, dass es ein Kaninchen werden sollte, informierten wir uns über die verschiedenen Arten. Schnell wurde klar, wir kaufen ein Zwergkaninchen. Eigentlich wollte meine Tochter ein Kaninchen mit Schlappohren, die sogenannten Widder. Als sie aber bei einer Klassenkameradin sah, wie groß diese werden, nahm sie davon Abstand. Bevor wir weitere Für und Wider abwägten, beschlossen wir uns erst einmal in einer Zoohandlung umzusehen. Gesagt, getan.

Auf der Suche nach dem „richtigen" Tier

Schon am Schaufenster der Tierhandlung drückten wir uns die Nase platt. Oh, wie süß, so viele verschieden farbige und verschieden artige Kaninchen tollten in dem großen Gehege herum. Einige lagen zusammen gekuschelt in einer Ecke oder in einem Häuschen. Andere fraßen, tranken oder purzelten übereinander. Richtig putzig sah es aus, wenn sich die Widderkaninchen die langen Ohren säuberten. An dem Gewusel konnte man sich gar nicht satt sehen.
Wir wollten ja ein Kaninchen für meine Tochter, deshalb durfte sie sich auch eines von den süßen Tierchen aussuchen. Der Verkäufer trat hinzu und redete auf uns ein. Die Wahl fiel schwer. Endlich entschied sie sich für ein ruhiges, schwarzes Kaninchen, das sich nicht an dem lebhaften Getümmel im Gehege beteiligte. Wir vermuteten, dass es sich somit um ein schüchternes, zurückhaltendes Wesen handelte, was uns sehr entgegen kam. Der Zoohändler konnte auch nicht viel zu der Herkunft des Tieres sagen, hob es hoch und schaute nach, ob es sich um ein Männchen oder um ein Weibchen handelte. Das war für uns wegen der Namensgebung wichtig.

Ausgestattet mit einem großen Käfig, Streu, Wasserflasche, Futter und natürlich einem Häuschen, damit der kleine Kerl sich erst einmal zurückziehen konnte, fuhren wir erwartungsfroh nach Hause. Ach, nicht zu vergessen das schlaue Buch über Haltung, Verhalten etc. von Kaninchen. Wir waren so gut ausgestattet und vorbereitet, als ob bei uns ein Baby Einzug halten würde. Um alles richtig zu machen und um den armen Zwerg die Eingewöhnung zu erleichtern, kam der Käfig in einen separaten Raum, Temperatur geregelt, Unterlage / Streu fürs Bettchen gemacht, Fressen und Trinken in den Käfig gestellt und besonders wichtig, das Häuschen. Als wir den Käfig ausgestattet hatten, setzten wir den kleinen Mann vorsichtig in das Heu. Er schaute sich ein paar Mal um, und war schwups im Häuschen verschwunden. Ach, was waren wir stolz, dass er so schnell diesen Unterschlupf angenommen hat. Die Augen meiner Tochter glänzten und wir saßen längere Zeit davor und hofften, dass er noch mal heraus kommen würde. Pustekuchen! Diesen Gefallen tat er uns nicht. Klug wie Mütter nun mal sind ☺ zitierte ich den Zoohändler und das Buch, dass sich das Kaninchen ja erst einmal an die neue Umgebung gewöhnen müsse. Außerdem wäre es jetzt ganz allein, und da würde ihm die Umstellung schwer fallen. Traurig verließ meine Tochter den Raum. Endlich hatte sich ihr Wunsch erfüllt und dann so was. Tja, da sieht man mal wieder, dass Tiere nicht unbedingt dem entsprechen und reagieren, wie wir Menschen es von ihnen erwarten und wünschen. Immer wieder schauten wir leise in das Zimmer hinein, doch im Häuschen rührte sich nichts.

Am anderen Morgen sauste meine Tochter als erstes zu ihrem Kaninchen ins Zimmer. Aber immer noch war nichts von Stubsi - so hatte sie den kleinen Kerl in der Zwischenzeit getauft - zu sehen. Er war aber schon im Gehege herumgelaufen, denn das Futter und Wasser waren merklich weniger geworden und er hatte seine Notdurft in einer Ecke abgesetzt. Wir waren schon mal frohgemut, dass er sich langsam an die neue Umgebung gewöhnen würde. Aber so oft wir auch leise den Raum betraten, Stubsi war nicht zu sehen. Langsam verlor meine Tochter ihre gute Laune und Geduld. Wozu hatte sie ein Tier geschenkt bekommen wenn es sich weder streicheln noch blicken ließ? Ein weiterer Tag verging ohne nur ein Schnäuzchen von Stubsi gesehen zu haben. Am dritten Tag kamen wir überein, mal das Häuschen hochzuheben. Wir wollten wissen, wie es dem kleinen Zwerg ging und was er machte. Also öffneten wir vorsichtig die Käfigklappe und hoben das Holzhäuschen an. Da lag unser Kaninchen zitternd ins Heu gedrückt. Schnell setzten wir das Häuschen wieder über ihn. Was tat uns der Kleine leid.

Aber nach weiteren Tagen ohne ihn je gesehen zu haben, war unsere Geduld erschöpft. So lange braucht man wirklich nicht, um heimisch zu werden. Wir öffneten den Käfig und holten das Häuschen heraus. Wie erwartet lag Stubsi im Heu. Wir setzten uns vom Käfig weg und warteten ab. Nach einiger Zeit fing er an zu wittern, erhob sich und erkundete vorsichtig den offenen Ausgang. Plötzlich hüpfte er auf den Teppich hinunter. Dort verharrte er kurz, um dann durchs Zimmer zu rasen. Er schnüffelte hier und schnüffelte da. Für ihn gefährliche Gegenstände befanden sich nicht im Raum, darauf hatten wir schon geachtet. Es war schön zu sehen, welche Freude er an dem Auslauf hatte. Natürlich wollte meine Tochter ihn auf den Arm nehmen und kuscheln. Unser Kleiner wich ihr aber immer geschickt aus. Wieder kamen die tröstenden Worte meinerseits, dass er sich an die Umgebung gewöhnen müsse. Bla, bla, bla! Aber lange würde ich sie damit nicht mehr abspeisen können. Es war aber auch wirklich verzwickt! Was hatte unser Kaninchen nur? Das „kluge" Buch half auch nicht weiter und ließ uns nach dem Durchlesen mit der gleichen Fragestellung allein.

Nach weiteren Tagen des Herumtollens, ohne dass wir unser Kaninchen anfassen konnten, riss mir die Geduldsschnur. Ich schnappte mir den kleinen Zwerg und setzte ihn meiner Tochter in die Arme. Dort blieb er einige Zeit ruhig sitzen, und sie war glücklich, ihn endlich streicheln zu können. Doch diese Zweisamkeit dauerte nicht lange. Er kratzte und vor Schreck ließ meine Tochter ihn laufen. Damit er wieder in seinen Käfig hoppelte, mussten wir ihn dahin treiben. In den nächsten Tagen entwickelte sich das Verhältnis Mensch/Kaninchen nicht zum Besseren. Nein, eher genau das Gegenteil. Stubsi genoss seinen großen Auslauf, und es wurde zu einem Renn- und Fangspiel, um ihn wieder in den Käfig zu bekommen. Sein Verhalten uns gegenüber wurde immer aggressiver. Er fing sogar an uns zu beißen, wenn wir ihn in sein Gehege zurück bringen wollten. Nein, so hatten wir uns das Ganze nicht vorgestellt. Ich wurde noch mal in der Tierhandlung vorstellig und schilderte dem Verkäufer unsere Problematik. Der Händler meinte nur, dass er von vielen verschiedenen Leuten die Kaninchen kaufen würde. Viele kämen auch vom Bauernhof. Außerdem wüsste er ja nicht so genau wie jung die Tiere dann seien. Und Vorgeschichten vom jeden Kaninchen könne er natürlich auch nicht wissen und interessiere ihn auch nicht. Sein Geschäft sei das Kaufen und Verkaufen. So einfach ist das! Auch hänge das Verhalten eines Tieres davon ab, was es bei der Mutter oder in der Kaninchengruppe erlernt hätte, oder von bisher erlebten Ereignissen.

Einige Kaninchen möchten gekrault werden, andere haben Angst auf dem Schoß wegen der Höhe, oder sogar Angst vor der Hand. Die Vorgeschichte prägt das Tier sowie seinen Charakter. Bestimmte Erlebnisse wirken sich auf das Verhaltensmuster positiv oder negativ aus. Wenn ich dann daran zurück denke, wie unser Kleiner so verschüchtert im Gehege abseits der anderen Artgenossen saß, hatte das wohl eher mit Ausgrenzung zu tun. Vielleicht merkten die anderen seine Schwäche und bissen und traktierten ihn. Er tat uns unendlich leid, aber er war nun leider kein Schmusetier, was wir uns gewünscht und erhofft hatten. Der Händler hatte ein Einsehen und gab uns die Adresse eines Bauern, der auch Kaninchen züchtete. Mit ihm sollten wir uns in Verbindung setzen. Ich rief bei dem Züchter an und erzählte ihm von unserem Kaninchen. Er erklärte sich sofort bereit, es zu nehmen. Wir machten einen Termin aus und bereiteten unsere Tochter darauf vor, dass wir Stubsi für immer fortbringen würden. Da wir mittlerweile schon alle, wegen seiner Beißerei, Angst vor ihm hatten, war sie deswegen auch nicht traurig. In der Zwischenzeit konnten wir ihn nämlich nur noch mit Lederhandschuhen anfassen. Selbst als wir ihn nur noch im Stall ließen, diesen aber säubern mussten, griff er uns an. Angst vor einem Kaninchen, wer hätte das gedacht, das ist ja lachhaft, aber bekanntlich wird man erst aus Erfahrung klüger.

Als der Samstag heranrückte, trug mein Mann den Käfig einschließlich unseres Kaninchens in unser Auto. Nein, beißen lassen wollten wir uns zum Schluss auch nicht mehr. Unsere Kinder verabschiedeten sich noch nicht einmal von ihm, so sehr hat sie das Verhalten verletzt, auch wenn der kleine Wicht bestimmt nichts dafür konnte.

So hatte sich also das Thema Haustier vorerst von allein erledigt.

Wer sucht wen aus?

Auf dem Bauernhof angekommen, trat uns der Bauer fröhlich entgegen, holte Stubsi aus dem Käfig, schaute ihn an und sagte, dass unser Racker schon mit seinen vielen anderen Kaninchen zu recht kommen würde. Wir dankten ihm für sein Entgegenkommen unseren Kleinen zu nehmen, drehten uns um und wollten gerade gehen, als er uns fragte, ob wir nicht ein anderes Kaninchen für unsere Tochter haben möchten. Noch ganz in Gedanken an dem Erlebten mit Stubsi verneinte ich dankend. Er fragte mich, ob schwarz die Lieblingsfarbe für das Haustier sei und ich antwortete dass meine Tochter sich das jedenfalls so ausgesucht hatte. Der Bauer verließ uns kurz und wir wollten uns gerade ins Auto setzen, da kehrte er schon wieder zurück und verabschiedete uns. Als ich ihm die Hand reichte, legte er mir etwas winzig Kleines Schwarzes hinein. Nein, so etwas Süßes hatte ich noch nie gesehen! Ein dunkles Fellknäuel, nicht viel größer als eine Maus. So herrlich weich, flauschig, warm und schutzbedürftig. Ich schloss dieses kleine Wesen sofort in mein Herz. Der Züchter gab uns den Rat, es immer zu streicheln und bei uns zu halten.

Die ganze Fahrt über hielt ich dieses entzückende Tierchen in meiner rechten Hand. Es hatte sich in die Mulde meiner Hand gekuschelt und schlief. Mit der linken Hand streichelte ich sanft über sein Fell. Ich wollte das kleine Mäuschen nicht wecken. Zum Schutz hielt ich die andere Hand darüber. Ich musste das

Tierchen immer wieder ansehen, so niedlich war dieses warme, leicht atmende Lebewesen, das nun auf unsere Liebe und Unterstützung angewiesen ist. Ich konnte mich an dem kleinen Kaninchen einfach nicht satt sehen!

Als wir zu Hause ankamen öffnete unsere Tochter die Tür, da mein Mann ja den leeren Käfig in der Hand trug. Ich bat unsere Tochter die Augen zu schließen und ihre beiden Hände zu einer Schale zu formen. Erstaunt ging sie darauf ein, dachte sich aber nichts dabei. Vorsichtig legte ich ihr das schwarze Fellknäuel in die Hände. Diesen Schrei vor Freude werde ich nie vergessen! Unsere Tochter war von diesem kleinen Zwerg genauso angetan wie ich. Da es sich um ein schwarzes Kaninchen handelte, nannte sie es Blacky. Durch den Rat des Züchters lernte Blacky die Menschen, deren Hände und unsere Zuneigung kennen, und entwickelte sich zu dem Haustier, was wir uns schon von Stubsi erhofften. Blacky wurde zutraulich und verstand einiges. Als er noch klein war hoppelte er vergnügt durch das Zimmer meiner Tochter und knabberte Papierkörbe und Tapeten an. Überall durfte er im Haus herum sausen, natürlich nur unter Aufsicht. Als er älter und größer war und nicht mehr so ein kleiner Winzling, der im Gras verschwand, ließen wir ihn im Garten laufen. Natürlich hatten wir den Garten mit engmaschigem Draht abgesichert und einer aus der Familie war auch immer mit draußen. Es war herrlich mit anzusehen, wie Blacky durch den Garten hoppelte, seine Haken schlug - und für uns unmotiviert - einfach hoch in die Luft sprang. Wie liebte er den Löwenzahn, die Gänseblümchen und ich war ihm auch überhaupt nicht böse, wenn er meine Blumen anknabberte. Er war halt ein Kaninchen, was sollte ich es ihm verbieten, wenn ich ihm die köstliche Pracht auch direkt anbot. ☺ Sollte er wieder in seinen Käfig, riefen wir ihn, und er legte sich platt ins Gras, so dass wir ihn nur auf den Arm zu nehmen brauchten.

Blacky war kein gewöhnliches Kaninchen, sondern entwickelte sich zu einem Löwenkopfkaninchen. Außerdem war er ein Zwerg, denn selbst als er ausgewachsen war, wurde er nicht wesentlich größer als 30 cm. Er hatte wunderschönes schwarzes glänzendes Fell und große interessiert schauende Augen.

Nur eins haben wir im Nachhinein falsch gemacht. Uns wurde nie mitgeteilt dass Kaninchen Rudeltiere sind, die gerne noch mindestens einen Artgenossen um sich haben. Als wir es erfuhren, war Blacky schon zu alt, um ihm noch einen Spielkameraden anzubieten. Wer weiß, ob er ihn dann überhaupt noch angenommen hätte. Man kann kein Kaninchen als Versuchstesttier kaufen und wieder abgeben, wenn sie nicht zueinander passen. Nein, so waren wir nicht eingestellt. Da er auch seinen Sexualtrieb nicht ausleben konnte, gaben wir ihm viele Stofftiere, Bälle oder Luftballons, die einen winzigen Ersatz für seine - in dieser Hinsicht - Einsamkeit bieten sollten. Dadurch, dass er starken Familienanschluss hatte, wir uns viel mit ihm beschäftigten, er viele Freiheiten genoss, hofften wir, dass er sich nicht so allein fühlen würde.

Die Kinder wuchsen heran und mir oblag es immer mehr, mich um Blacky zu kümmern. Das, was ich anfangs nie wollte, ist im Endeffekt doch eingetroffen. Ich habe es gewusst, es ist immer so. Aber es störte mich nicht mehr, da mir der Kleine so ans Herz gewachsen war. Er bereitete so viel Freude, und aus Kindern werden eben Jugendliche die anderen Interessen frönen. Trotzdem durfte unsere Tochter im Großen und Ganzen die Aufgaben, die ein Tier mit sich bringt nicht vernachlässigen.

Blacky's Wesen zauberte uns immer ein Lächeln ins Gesicht, und seine freundliche Art, die Nähe zu uns suchend, machte ihn zu dem therapeutischen Tier, wie wir es nie zu hoffen wagten.

Er wirkte und sah wesentlich jünger aus. Bis ins hohe Alter hatte er ein wundervolles weiches Fell, das nur insgesamt grauer wurde und immer noch die großen interessierten Augen, die aber schon ein bisschen eintrübten. Er liebte nach wie vor die Ausflüge im Garten und Haus und war noch sehr fit.

Unser Liebling wurde 11 Jahre alt und wachte nach einer Krebsoperation praktisch nicht mehr auf. Damit hatten wir nicht gerechnet! Die Diagnose, die Operation zu überstehen, war gut. Aber durch das hohe Alter und damit durch das geschwächte Herz hat er die Narkose nicht verkraftet.
Traurig nahmen wir von dem lieben, kleinen Kerl, der uns allen ans Herz gewachsen und gemeinsam mit den Kindern älter geworden war, Abschied. Nun liegt er bei uns im Garten an seinem Lieblingsplatz, und ein Keramikhase ziert den Ort, wo er für immer schläft.

Lieber Blacky

*Für die ganze Welt bist du irgendjemand,
doch für irgendjemand bist du die ganze Welt.*
(Erich Fried)

nämlich für uns.

Zweiter Versuch, das richtige Haustier zu finden

In seiner Kindheit macht man ja einige verrückte Sachen, hat Wünsche die unrealistisch sind und vor allem viele imaginäre Freunde. So stellte ich mir in Kindertagen vor, dass mein Fahrrad ein Pferd sei. Die Serie „Fury" lief gerade im Fernsehen und ich wollte auch so ein kluges, herrliches, schwarzes Pferd haben, was natürlich utopisch war. Also raste ich mit meinem Rad durch die Gegend, „sprang" damit über Stock und Stein, riss es am Lenker hoch und tat so, als ob es ein Tier wäre.

Meine Phantasie kannte keine Grenzen. So missbrauchte ich auch meinen wunderschönen großen braunen Langhaardackel, ein Steifftier, denn natürlich bekam ich auch keinen Hund geschenkt. Deshalb zog ich mein armes Stofftier auf der Straße an einem Band hinter mir her. Es musste eben als Ersatz für einen lebenden Hund herhalten. Gassi gehen gehörte ebenso dazu. Wir unternahmen Spaziergänge, wobei mein Waldi natürlich auch „austreten" musste. Leider hielten das seine Pfoten nicht lange durch ;-)

Und dann war da noch meine kleine schwarze Katze oder Kater? Schnurrbarthaare, Katzenbuckel, schöner plüschiger aufgestellter Schwanz. Grüne Schlitzglasaugen schauten mich an. Damit habe ich so viel gespielt, dass das arme Tier im Laufe der Zeit seine Augen verlor und mein Vater mir mit rotem Garn neue aufnähte. Schon als Kind schwor ich mir, wenn ich mal eine Katze bekommen sollte, dann nur eine schwarze mit grünen Augen.

Also kann ich den Wunsch meiner Kinder nach einem Tier schon nachvollziehen, denn auch ich wünschte mir damals nichts sehnlicher als einen lebendigen flauschigen Vierbeiner, den ich knuddeln, betüddeln und ausführen konnte.

Während meine Tochter mit Blacky spielte, oder ich ihn im Garten beaufsichtige, dachte ich über die Anschaffung eines zweiten Tieres nach. Dann wäre unser Kaninchen nicht so alleine. Der Familienrat tagte und wir einigten uns auf eine Katze. Diese Tiere machen nicht so viel Arbeit und sind sehr eigenständig. Außerdem würden wir eine Katzenklappe einbauen, damit sie immer nach Lust und Laune nach draußen gehen könnte und wir uns nicht um genügend Freilauf kümmern müssten.

Katzen wurden in die Welt gesetzt, um das Dogma zu widerlegen, alle Dinge seien geschaffen um dem Menschen zu dienen.
(Paul Gray)

Katzenangebote standen genug in der Zeitung. Ein Bauernhof bei uns in der Nähe bot eine Katze an und mein Mann und ich fuhren los. Der Bauer musste erst mal eine suchen und einfangen und dann zeigte er uns eine Katze, schwarz-weiß, wie aus der Katzennahrungswerbung. Wir fanden sie sehr schön und während der Heimfahrt saß sie bei mir in einer Decke auf meinen Schoß. Zu Hause warteten die Kinder schon voller Ungeduld, um den neuen Gast in Empfang zu nehmen. Auch sie mochten dieses Kätzchen auf Anhieb.

Im Vorhinein hatten wir schon Katzentoilette, Fressnäpfe, Einstreu und Leckerlis besorgt. Um sich an die neue Umgebung zu gewöhnen, durfte Frenzy - so nannten wir sie dann - noch nicht raus, sondern sollte erst mal das Haus erkunden. Nach einigen Tagen entschlossen wir uns, sie auch freilaufen zu lassen. Sie saß nämlich fast nur noch vor den Fenstern und der Terrassentür, kratzte, maunzte und wollte uns damit sagen dass sie in die freie Natur möchte. So kauften wir ihr ein Halsband mit Namensschild. Man weiß ja nie, wofür das gut sein kann. Diskussionen pro und contra Halsband gibt es genügend. Wir waren damals noch so naiv und dachten, dass wir dadurch Frenzy wieder bekommen würden, falls sie mal weglaufen sollte, da wir außer ihrem Namen auch unsere Adresse und Telefonnummer mit auf das Zettelchen schrieben.

Ihr glaubt gar nicht, wie glücklich sie in den Garten schoss, als wir ihr die Terrassentür zum Garten öffneten. Sie tollte im Gras herum, buddelte hier, schnupperte da und beachtete unser Kaninchen gar nicht, das auch auf dem Rasen herum hoppelte. Wir hatten unsere helle Freude an den beiden. Leider war es schwer, Frenzy nach einigen Tagen wieder herein zu bekommen. Anfangs konnten wir sie noch mit Leckereien ködern. Doch bald war ihr das egal. Sie weitete ihr Revier aus, da sich in unmittelbarer Nachbarschaft keine Katzen befanden, so dass sie nicht in Revierkämpfe verwickelt wurde. Abends ließen wir für sie ein Fenster im ersten Stock offen, damit sie nachts hereinkommen und sich ausruhen konnte. Wir hatten ein Vordach und so bereitete ihr der Einstieg keine Probleme.

Nach und nach hörten wir von unserer Nachbarschaft, dass Frenzy sich dort einquartierte. Egal wo ein Fenster oder eine Tür offen stand, unsere Katze spazierte gemütlich herein und nahm vom Sofa, Bett oder Stuhl Besitz. Gott sei Dank waren unsere Nachbarn darüber eher erfreut, als aufgebracht. Was uns aber immer mehr zum Nachteil gereichte, war, dass Frenzy ihre Hinterlassenschaft nicht verbuddelte, sondern in Beeten und auf den Gartenwegen liegen ließ. Diesbezüglich häuften sich die Beschwerden und wir mussten überall ihre Geschäfte wegmachen. Freude bereitete uns das bestimmt nicht. Ich empfand das als richtiggehend peinlich, dass mich die Nachbarn anriefen und zu ihnen zitierte.

Unsere Katze entfernte sich immer weiter. Manchmal sahen wir sie stundenlang später sogar tagelang nicht. Wir machten uns große Sorgen um sie. Dass sie nicht verhungern würde war uns klar, da mindestens die näheren Nachbarn ihr auch Futter und Wasser hinstellten.

Dann kam der Tag ab dem wir unser Katzenkind nicht mehr wiedersahen. Tagelang war sie nicht in unserer Straße aufgetaucht. Ich mobilisierte die Nachbarn nach ihr Ausschau zu halten, doch Frenzy blieb verschwunden. Einige Zeit später wurde uns mitgeteilt, dass eine Katze, die so aussah wie unsere, etliche Straßen entfernt von uns bei einer Familie leben solle. Wir fuhren also dahin und tatsächlich tollte dort unsere Frenzy durch einen Garten. Der Beweis, dass es sich um unsere Katze handelte, war das Halsband, welches sie immer noch trug. Ich klingelte an der Haustür und als der Bewohner öffnete sprach ich ihn auf die Katze an. Er aber bestritt, dass es sich um eine fremde Katze handeln würde, die sich bei ihnen im Garten befände. Sie hätten sie schon als kleines Kätzchen gekauft und wäre somit schon lange bei ihnen. Als ich aber das Halsband zur Sprache brachte - es war etwas Besonderes, nämlich in hellrosa mit Herzchen- zuckte er kurz, sagte nichts mehr und knallte mir die Tür vor der Nase zu. Ich war furchtbar sauer. Was konnte ich denn machen? Diese Hilflosigkeit und Ohnmacht, nichts ausrichten zu können! Als meine Tochter einige Tage später noch mal an dem Grundstück vorbeiging, sah sie unser Halsband weggeworfen im Gebüsch liegen. Man hatte es unserer Katze abgenommen und ein neues besorgt, denn meine Tochter konnte ein rotes Band an Frenzys Hals erkennen, während diese über den Rasen tobte.

Das war nun eindeutig keine Schmusekatze! Freunde und Bekannte sagten uns, da sie auf dem Bauernhof groß geworden sei, wäre sie nun mal zur Streunerin geboren. So eine Katze könne man nicht halten, sie bräuchte ihre Freiheit. Das tat mir natürlich für meine

Kinder leid, wieder nicht das was wir uns gewünscht hatten!

Kurz vor den Ferien erfuhr meine Tochter, dass Frenzy von der Familie in ein Tierheim gebracht worden wäre, weil sie in den Urlaub fahren wollten und Frenzy sie nur behindert hätte. Obwohl ich sie nicht mehr als unsere Katze ansah, fühlte ich mich trotz allem noch für sie verantwortlich. Schließlich hatte ich sie aus ihrem Milieu herausgerissen. Ich wollte wissen, wie es ihr ging und ob ich noch etwas für sie tun konnte. Eine Bekannte teilte mir mit, dass sich in unserer Nähe ein Katzenschutzbund mit einem Heim für ausgesetzte Katzen befände, ich möge dort doch mal anrufen und versuchen herauszufinden, ob Frenzy da sei. So rief ich bei dem besagten Heim an und erhielt die Auskunft, dass eine Katze, wie ich sie beschrieben hätte, vor ein paar Tagen abgegeben wurde. Ich möge doch bitte wegen Formalitäten vorbei kommen. Das tat ich dann auch, denn ich wollte mich selber überzeugen, ob das auch wirklich unsere Frenzy ist.

Das war der Tag, der mein Leben total auf den Kopf stellen sollte.

Beim Eintritt in dieses kleine Bauernhaus staunte ich nicht schlecht. Es war gemütlich, warm, hell und freundlich, und alles katzengerecht ausgestattet. Mit diversen Kratzbäumen, Klettergelegenheiten, Kuschelecken und Höhlen, Fress- und Trinknäpfen. Es gab Kranken- und Quarantänezimmer, Zimmer für ältere Katzen und extra Räume für junge Katzen. Außerdem viele Rückzugsmöglichkeiten wenn Ruhe gewünscht war. Überall lagen, schliefen, schlichen, wuselten, kletterten, liefen Katzen herum. Meine Augen fanden keinen Ruhepol. Es gab für mich so viel zu sehen, Neues zu entdecken. Herrlich! Mir wurde das ganze Katzengebäude gezeigt, und auch die kleinen Räume für die Betreuerin/ Leiterin des Heimes. Aber selbst in ihren vier Wänden dominierten die Katzenutensilien. Das kann wirklich nur jemand aushalten, der Tiere liebt, so hingebungs- und aufopferungsvoll.

Frenzy, es war wirklich unsere Katze, lief alleine herum. Mir wurde mitgeteilt, da sie das Alleinsein und den Freilauf gewohnt war, sie sich deshalb nicht anderen Katzen anschließen konnte. Das fand ich furchtbar traurig. Was hatten wir damals nur gemacht? Was hatten wir ihr angetan? Nie hätten wir eine Katze vom Lande holen sollen. Weder das Tier noch der neue Besitzer können je glücklich miteinander werden, wenn man unterschiedliche Erwartungen voneinander hat.

Was mich freute zu hören, war, dass sie für Frenzy schon einen guten Platz auf einem Bauernhof gefunden hatten. Sie würde bald abgeholt werden. So brauchte ich ein nicht allzu schlechtes Gewissen mehr haben. Das war mir eine Lehre. Gute Informationen im Vorfeld hätten dieses Missverständnis erst gar nicht aufkommen lassen und der armen Frenzy und uns wäre viel Leid erspart geblieben.

Wir werden ausgesucht ... fürs Leben

Die Heimleiterin fragte mich, ob ich eventuell eine andere Katze mitnehmen möchte, aber ich verneinte. Wir hatten jetzt zweimal kein Glück mit den Tieren gehabt, die wir aussuchten. Einmal mit dem ersten Kaninchen und nun mit der Katze. Auf Stress konnte ich wirklich verzichten. Nicht noch einmal die Ängste, Sorgen, Kummer und Leid. Nein, unsere Familie wollte keine Katze, kein Haustier mehr. Waren wir nicht eh immer dagegen gewesen? Besonders ich?

Zum Schluss des Rundganges durch das Katzenhaus wurde ich in ein Zimmer mit ganz, ganz jungen Katzen geführt. Die Babystation! Oh, wie waren die kleinen Kätzchen niedlich! Ich fand, dass eine süßer aussah als die andere. Mein Herz schmolz dahin. Doch, so ein entzückendes Katzenjunges wollte ich schon haben. Aber welches? Wie sollte ich mich entscheiden? Welches sollte ich nehmen? Nach welchem Kriterium sollte ich auswählen? Fragen über Fragen. Die Leiterin lächelte nur und ließ mich alleine. Sie sagte, dass sie später wieder vorbei käme.
Nun stand ich da und wusste nicht weiter. Bis mir der Einfall kam, nicht ich suche die Katze aus, die Katze sollte mich aussuchen.
Ich setzte mich mit dem Rücken an die Wand auf den Boden, neben mir ein Tisch und schaute einfach vor mich hin. Alle kleinen Kätzchen hatten sich in Sekundenbruchteilen verkrochen. Es war keine mehr zu sehen. Doch plötzlich sah ich aus den Augenwinkeln,

wie sich von rechts ein Kätzchen näherte. Ganz forsch und sicher sprang es auf einen Stuhl, von da auf den Tisch, überquerte ihn, sprang rechts auf meine Schulter, legte sich in meinen Nacken und fing an zu schnurren.

MEINE KATZE!
SIE HATTE MICH AUSGESUCHT!

Sie wollte ab jetzt ihr Leben mit mir teilen. Ab jetzt verließ sie sich auf mich. Mir standen die Tränen in den Augen, ich freute mich wahnsinnig. Und das Beste war, es war eine schwarze Katze. Zwar nicht mit grünen Augen, wie damals mein Spielzeugkater, nein, sie hatte wunderschöne goldene Augen. Sie hatte auch nicht den gewünschten Puschelschwanz, er war eher mickrig und dünn. Aber alles egal … meine Katze!
Ich blieb noch länger in dem Katzenzimmer und „unterhielt" mich mit ihr. Nach einiger Zeit erhob sie sich von meinen Schultern, setzte sie sich auf den Tisch und schaute mich- nun auf Augenhöhe- ruhig an.

Die Betreuerin kam zurück und sah mich und mein Kätzchen auf dem Boden sitzen und freute sich. Sie meinte, dass es immer gut sei, wenn sich die Tiere ihren Menschen aussuchen können. Dann würde es meist für immer eine lebenslange innige Verbindung werden. Ich fragte, ob die kleinen Kätzchen schon einen Namen hätten. Ja, antwortete sie. Meine würde Minka heißen, aber wenn ich wollte, könnte ich den Namen ändern. Nein, das sagte mir nicht zu. Schließlich ist sie so schon gerufen worden und hört bestimmt darauf. Der Name bleibt. Ich durfte sie noch nicht mit nach Hause nehmen, da der Tierarzt sie noch impfen wollte. Glücklich und freudestrahlend fuhr ich nach Hause und berichtete von meiner Minka und wie sie mich ausgesucht hat.

Fast täglich fuhr ich nun ins Katzenheim, um meine Kleine zu besuchen. Ohne sie zu rufen, kam Minka immer gleich auf mich zu und legte sich um meinen Nacken. Das wunderbare Gefühl kann ich gar nicht beschreiben.

Endlich, endlich durfte ich mein Kätzchen mit nach Hause nehmen! In einem Körbchen mit einer flauschigen Decke ausgeschlagen, musste sie die kurze Fahrt überstehen. Sie maunzte die ganze Zeit sehr kläglich und es tat mir furchtbar weh das zu hören und ihr anzutun. Kein Streicheln, keine liebevolle Ansprache konnte ihr die Angst vor dem Autofahren nehmen.

Eine Katze gibt dem Haus eine Seele
(Clebert)

Zu Hause angekommen stellte ich das Körbchen im Wohnzimmer sanft auf den Boden und öffnete die Käfigtür. Vorsichtig lugte Minka mit ihrem Köpfchen heraus. Langsam, Schritt für Schritt, entstieg sie dem Korb und traute sich in den fremden Raum. Es muss für sie sehr ungewohnt gewesen sein. Ein großes Zimmer ohne Tiere, ohne Lärm und für sie so kahl. Aber mein Kätzchen zeigte jetzt schon ihre Fähigkeit. Wir setzten uns aufs Sofa, um sie bei ihrer Erkundigungstour nicht zu stören und um sie nicht zu erschrecken. Mit einer angeborenen Selbstsicherheit erforschte sie spielerisch die Umgebung. Zwischendurch kam sie aber immer zu mir und rieb ihren Kopf an meinen Beinen. Plötzlich sprang sie aufs Sofa, balancierte über die Arm- und Rückenlehne und ließ sich anschließend auf meinen Schultern nieder. Wie im Katzenhaus. Ich war glücklich. Später zeigte ich ihr, wo sich die Katzentoilette befand. Da sie diese schon aus dem Heim kannte, wusste sie sofort, wozu das Behältnis mit dem Streu diente und nahm es auch gleich an. Demonstrativ setzte sie sich vor meinen Augen auf die weißen Körnchen und „weihte" somit ihre Toilette ein. Auch sehr bemerkenswert, das „stille Örtchen" befand sich im Keller und Minka hielt sich mehr in den oberen Etagen auf. Das bedeutete, dass sie, wenn sie ein Geschäft verrichten wollte, von ganz oben nach ganz unten musste, und es machte ihr sogar nichts aus. Einmal angenommen, war es für sie kein Problem.

Minka war ein Energiebündel. Sie untersuchte alles, war neugierig und aufgeschlossen. Sie war kein Draufgängertyp, sondern von innen heraus sicher und zielstrebig. Alles wurde in Augenschein genommen und in nur für sie bekannte Kategorien eingeteilt. Sie hielt sich gern bei uns Menschen auf und beobachtete viel. Besonders interessiert schien sie auch an unserem Kaninchen Blacky zu sein. Natürlich hatten wir um ihn Angst. Wussten wir, ob unser Kätzchen ihm was tat? Während Blacky erst einmal im Käfig blieb, durfte Minka das Zimmer, in dem sich der Stall befand, besichtigen. Meine Tochter und ich waren dabei, um aufzupassen. Zielstrebig schritt meine Katze auf den Käfig zu, setzte sich davor und schaute den kleinen Kerl an. Sie machte es praktisch genauso wie mit mir in dem Katzenhaus. Blacky lag auf dem Heu, hob kurz den Kopf, sah Minka und legte sich wieder bequem hin. Der erste Kontakt war positiv. Jedes der beiden Tiere merkte sofort, der andere tut mir nichts. Nachdem sich mein Samtpfötchen einen Eindruck von Blacky verschafft hatte, riss es sich vom Käfig los und ging weiter durch den Raum auf Erkundungstour. Zwischendurch blickte es aber immer mal wieder zum Kaninchen hinüber.

Mein Kätzchen gewöhnte sich schnell bei uns ein. Ein Katzenbettchen brauchte sie nicht, weil sie sich verschiedene Plätze zum schlafen aussuchte. Unter anderem legte sie sich zu mir oben aufs Kopfkissen. Ich genoss die Wärme des weichen Katzenfelles und das sanfte Schnurren. Minka schmiegte sich an meinen Kopf und kraulte zärtlich dabei meine Kopfhaut. Es war einfach eine herrlich, vertraute Geste. Instinktiv rutschte ich mit meinem Kopf weiter herunter, damit sie genügend Platz zum Schlafen hatte. Eingequetscht zwischen Kopfteil und mir, nein, das gab es nicht!

In der Zeit, die ich im Katzenhaus verbrachte, sah ich erst mal die viele Arbeit, aber auch die Liebe, die die freiwilligen Mitarbeiter den Tieren entgegenbringen. Deshalb trug ich mich auch als Mitglied ein. Durch die vielen Gespräche, die ich mit den anderen Mitgliedern führte, kam ich zu dem Schluss, meiner Kleinen noch ein Kätzchen zur Seite zu stellen, damit sie nicht so alleine wäre, wenn die Familie in der Schule oder bei er Arbeit ist. Hätte ich mal bei unserem Kaninchen auch so gedacht!

Diesmal suchte ich aus. In einem kleinen Verschlag auf der Babystation, lag eine Pelzmütze, in der ein Winzling von Katze lebte, der mal ein Kater werden wollte. Ich erfuhr, dass seine Mutter überfahren und er mit zwei Wochen ins Katzenheim gebracht wurde. Deshalb päppelten die Betreuerinnen ihn noch mit einem Milchfläschchen auf. Nein, war der klein! Er passte gerade mal in eine Männerhand. Dieses Kerlchen suchte ich aus, auch aus dem Grund, da er ein Sorgenkätzchen war, das sich andauernd irgendeine Krankheit einfing. „Klein Willi", wie er liebevoll von den Mitarbeitern genannt wurde, musste noch etliche Wochen in dem Katzenheim bleiben, bis er älter und gesund genug war, seinen Wohnsitz zu wechseln. Bis dahin hatte Minka sich schon bei uns eingelebt.

Die Wochen vergingen wie im Fluge. In der Zeit besuchte ich „Klein Willi" fast täglich, um zu schauen wie er wächst und wie es ihm geht. Meine Güte werden Kätzchen schnell groß! In einem Monat war er zu einem hübschen kleinen Kater herangewachsen, und man sah nun seine interessante Fellmaserung.
Fürs erste gesund und vorerst mit allen Impfungen versehen, traten wir mit ihm den Weg in sein zukünftiges neues Zuhause an.

Von Katzen versteht niemand etwas, der nicht selbst eine Katze ist
(Natsume Soseki)

Mein Mann und unser Sohn hatten das kleine Wesen noch nie gesehen und fanden es gleich ganz entzückend. Ja, unser Katerchen hat ein wunderschönes, ausdrucksstarkes Gesicht.

Im Gegensatz zu Minka ist er ein richtiger „Schisser". Dafür kann er aber auch nichts. Als winziges Baby wurde die Mutter überfahren, er gefunden und ins Katzenheim gebracht. Was für ihn ein Glück war, denn so ein kleines Katzenkind wäre ohne menschliche Hilfe gestorben. Deshalb auch einen herzlichen Dank an die Menschen, die Tiere, - egal ob alt oder jung, krank oder gesund, groß oder klein, Haus- oder Wildtier -, in entsprechenden Einrichtungen abgeben.
Alle Tiere haben es verdient, würdig und respektvoll behandelt zu werden. Schließlich sind sie ihr Tierleben lang Freunde und Wegbegleiter des Menschen, solange man sie lässt.

Unser Katerchen wurde somit als gerade geborenes Kätzchen von den anderen isoliert, da so kleine Katzen anders behandelt werden müssen als ältere Artgenossen. Deshalb sah ich ihn im Alter von zwei Wochen in der Fellmütze und aus einem Fläschchen trinken. Zum Spielen war er noch viel zu klein. Er schlief und trank und schlief und trank, ganz im Rhythmus eines Babys. Außerdem war seine Gesundheit nicht so stabil und er musste,- obwohl im großen Katzenzimmer-, erst noch in seinem eigenen Gehege isoliert bleiben. Wie sollte er also adäquates soziales Verhalten erlernen? Durch Abschauen? Bei uns zu Hause nahm sich Minka sofort des kleinen Kerlchens an. Sie blieb in seiner Nähe, beobachtete ihn oder machte ihm etwas vor, wovon er lernen konnte.

Natürlich würde „Klein Willi" größer und älter werden, so dass wir diesen Namen für einen ausgewachsenen Kater nicht passend fanden. Es gab ein Familien Brainstorming und entschieden uns gemeinsam für den Namen Bobby. Irgendwo hatte ich mal gehört oder gelesen, dass Tiere auf Namen mit dem Endlaut /i/ besser darauf hören würden, weil sich die Stimme durch den Vokal erhöht. Auf hellere, hohe Laute reagieren Tiere wohl verstärkt. Darum fängt man ja auch idiotischer Weise - ich natürlich auch- meist an, in Ammensprache mit seinen Tieren zu kommunizieren. Bei Befehlen, wenn sie etwas tun oder lassen sollen, ändert sich auch die menschliche Tonlage. Die Sätze werden kurz und knapp, es folgen präzise Ankündigungen und die Stimme ist fest und resolut: „Hasso, komm her!" „Mach sitz!" „Pfui, aus!" „Gib Pfötchen!" „Such, such den Ball!"

Weil wir wussten, dass wir in nächster Zeit umziehen würden, durften unsere Katzen nicht in den Garten. Sie sollten sich nicht an eine Umgebung gewöhnen und ein Revier markieren, dass sie doch bald verlassen mussten. Aber das Haus bot Spiel- und Versteckmöglichkeiten genug, und wir hielten unsere Vierbeiner auch ganz gut auf Trab. Hinzu kam noch das Kaninchen. Wenn es lief, mussten wir es jetzt gut im Auge behalten, denn mit Bobby war nicht gut Kirschen essen. Obwohl noch ein junger Kerl, waren seine Jagdinstinkte besonders gut ausgeprägt. Er sah Blacky als Jagdobjekt an und wir konnten vor plötzlichen Attacken auf ihn nie gewappnet sein. Wenn Minka in der Nähe war, schirmte sie Blacky vor unserem Kater ab oder forderte Bobby zu Tobespiele heraus. Da unsere Katzen bis jetzt nur das Gehege im Heim und unser Haus kannten, vermissten sie auch die freie Natur nicht.

Als der Umzug anstand, sollten unsere Tiere so wenig wie möglich davon mitbekommen. So viel Lärm, so viele fremde Menschen, so viel Veränderung, das ist nichts für Katzen da sie keine Aufregung lieben. Die Kinder hielten sich den ganzen Tag mit ihnen im Keller auf, damit sie nicht der Hektik und dem Stress ausgeliefert waren. Gegen Abend war das neue Haus überwiegend eingerichtet und die Katzenaccessoires befanden sich in den vorgesehenen Räumen. Vorerst war Ruhe eingekehrt. Nun konnten wir unsere Tiere in ihr neues Domizil bringen. Bobby war verwirrt und lief planlos durch das Haus. Minka, ganz sicher, schaute sich Zimmer für Zimmer an. Sie roch hier, schnupperte dort. So viele andere Gerüche, Eindrücke, Änderungen strömten auf die beiden ein. Sie mussten in den kommenden Tagen lernen, sich an die ungewohnte Umgebung zu gewöhnen. Da hatte es unser Kaninchen einfacher. Aus seinem gewohnten Stall heraus, in sicherer Umgebung, konnte es das Neue in Ruhe wahrnehmen.

Unterschied zwischen einem Tier, das wir aussuchen und das uns aussucht

Anhand unserer Tiere kann ich ganz klar den Unterschied feststellen. Aber auch bei Bekannten und Freunden kristallisierte sich eine ganz andere Beziehung heraus.

Die Tiere, die zu uns passen, haben eine Aufgabe, der Mensch braucht sie, um auch seine Lebensaufgabe erfüllen zu können. Mensch und Tier ergänzen sich, lernen voneinander, haben viel zu geben.
Sie sind nicht zufällig bei einem bestimmten Menschen, sie schleichen sich plötzlich in unser Leben. Das fällt an Sprüchen auf wie: „Eigentlich wollte ich ja eine Katze nehmen, aber als ich den Hund sah, wusste ich, den nehmen wir mit", oder „Die saß eines Tages einfach vor der Tür und ging nicht mehr weg. So schnell kommt man zu einem Tier, obwohl wir gar keines wollten", „ Als wir ins Tierheim kamen, lief sie direkt auf mich zu"... Solche oder ähnliche Aussagen habe ich öfter gehört. Tiere spüren sofort, welches der Mensch ist, mit dem sie ihren Lebensweg gehen werden. Wie bei uns, wo ich niiiiiiiiiiiie Tiere wollte und erst durch die Erkrankung meiner Tochter dazu „gezwungen" wurde und ohne mein Zutun noch „meine" Katze erhielt.

Die Bindung zu diesen Tieren ist auch eine viel innigere, liebevollere. Gerade Katzen merken, wenn mit ihrem Menschen etwas nicht stimmt und passen sich

ihm an. Sie werden zum Tröster, Seelenheiler, Ansprechpartner. So weit wie wir es zulassen weichen sie nicht von unserer Seite. Das Schnurren einer Katze ist schon beruhigend und das Streicheln des warmen, weichen Katzenfelles senkt sogar nachweislich den Blutdruck.
An meiner Minka konnte ich das ganz deutlich merken. Immer wenn es mir gesundheitlich nicht gut ging, gab sie mir intuitiv die richtige Hilfe. Mal lag sie stundenlang neben mir, mal auf meinem Bauch, oder sie reichte mir nur ihr Pfötchen. Ich war immer wieder aufs Neue erstaunt, wie hilfreich ihre „kleinen" Gesten waren. Auch dass sie einfach „nur" da war, bei mir verweilte, mit mir „redete", half mir in manchen Stunden weiter. Wir haben uns wirklich gut ergänzt. Keiner wollte alleine sein, wir „unterhielten" uns beide gerne und wir genossen unsere Schmusestunden. Sie strahlte Ruhe, Kraft und Selbstsicherheit, aber auch Liebe und Sanftmut aus, wovon sich einiges auch auf mich übertrug. Seitdem meine geliebte Katze nicht mehr da ist, geht es mir gesundheitlich nicht sehr gut. Zufall???

Man genießt die Zweisamkeit und möchte nicht lange voneinander getrennt sein. Als Mensch versucht man seinem Tier immer etwas Schönes mitzubringen, ihm was Gutes zu tun. Man sorgt sich um seinen Tierpartner, denn es besteht eine sehr enge Vertrautheit. Darum schreibe ich auch immer von „meiner" Katze. Sie suchte mich aus, wir waren ein sehr vertrautes Gespann. Das merkte ich auch daran, dass ich zum Schluss intuitiv fast alles richtig gemacht hatte.

Oder das Kaninchen für meine Tochter, das sie zwar nicht aussuchen konnte, aber durch den Vorfall mit dem ersten Kaninchen sonst nie in unsere Familie gekommen wäre. Und wie gut tat ihr dieses wunderbare Wesen! Auch Zufall?? Was sind Zufälle denn überhaupt?
Zufall ist etwas, was man nicht voraussehen kann, was nicht beabsichtigt ist und unerwartet geschieht. Also ein nicht geplantes, nicht vorhersehbares und nicht steuerbares Ereignis. Wir nehmen es, wie es sich von selbst ergibt.

Die Tiere dagegen, die wir aussuchten, entsprachen überhaupt nicht unserer Vorstellung und wir ihnen wohl auch nicht, denn im Endeffekt sind sie woanders untergekommen. Zu Bobby, unserem Kater, habe ich keinen wirklichen Bezug, auch wenn sich das vielleicht lieblos anhört. Ich mag ihn, er ist ein hübscher Kerl und kann auch wirklich süß sein, aber - wie soll ich mich ausdrücken – empfinde nichts für ihn. Er sollte meiner Katze als Spielgefährte dienen, was ja auch nicht ganz der Fall war, wie sich später herausstellte. Er hat es gut bei uns und er wird ausreichend versorgt, bekommt seine Streicheleinheiten etc., aber er ist eindeutig nicht „mein" Tier.

Bei anderen merkt man es daran, dass sie die „falschen" Tiere ausgesucht haben, dass z.B. Katzen spüren, ob es ihnen dort gut geht, ob sie gebraucht werden. Fühlen sie keinen Bezug zum Menschen, missfällt ihnen die Atmosphäre, laufen sie weg und suchen sich selber ein neues Heim, wo sie bleiben möchten.

Hunde reagieren anders, da sie ja domestiziert sind. Aber diejenigen, die ihr Herrchen mögen und sich ihm zugewandt fühlen, lassen sich schneller und leichter auf die Ge- und Verbote ein, sind nicht widerspenstig oder aggressiv. Aber man darf das nicht pauschalisieren, denn das Verhalten des Hundes ist auch von seinem Charakter abhängt. Manche lehnen sich gegen ihren Besitzer auf, andere ergeben sich einfach in ihr Schicksal.

Katzen aber, zeigen genau wo es lang geht!

Wenn sie Dich dessen erachtet, wird eine Katze Dein Freund sein, niemals Dein Sklave.
(Theophile Gautier)

Verschiedene Charaktere

Bobby entwickelte sich zu einem kleinen Angeber und Großmaul. Er stritt sich mit Minka um das Fressen, die Leckerlis und die Schmuseeinheiten. Er versuchte sie zu verdrängen, wollte der Hahn im Korb sein. Er lieferte sich Machtkämpfe mit ihr, immer wieder aufs Neue. Für uns war es lustig zu sehen, wie sehr er sich bemühte der Dominante zu sein und Minka, die Kluge, ließ ihn gewähren. Wir merkten und sahen wie bei den Machtkämpfen um die Rangordnung Bobby sich redlich abmühte Minka zu besiegen. Irgendwann legte sie sich einfach hin und „ergab" sich. Forderte Bobby sein Glück aber zu oft heraus, zeigte sie ihm wer wirklich der Stärkere war, schlug zu und sprang auf ihn, bis er kleinlaut aufgab. Dann warf sich Minka aber wieder hin und er durfte triumphieren. Nein, ich habe ihr Verhalten diesbezüglich nie verstanden. Manchmal war ich richtiggehend wütend auf sie, dass sie klein beigab, obwohl sie ihm doch wesentlich überlegen war. Aber das ist typisch Minka, nie nutzte sie ihre „Macht" aus.

Wenn sie beim Futternapf saß, kam Bobby hinzu, wartete aber brav, bis sie mit dem Fressen aufhörte. Außer morgens gab es für meine Katzen keine bestimmten Fresszeiten. Die Näpfe waren stets mit Trocken- und Nassfutter sowie Wasser gefüllt und sie konnten fressen wann immer sie wollten. Gerne baten sie nachmittags und abends noch um zusätzliche Leckerlis. Im Laufe der Zeit kristallisierte sich heraus, dass

Bobby am liebsten rohes Hähnchen- und Putenfleisch, oder auch die entsprechende Wurst fraß. Minka kam ganz nach mir und fraß alles was ich auch zu mir nahm. Ihre Lieblingsspeise war Käse, egal ob Hart- oder Weichkäse. Bei Chips, Torte, Thunfisch oder Sahne konnte sie auch nicht widerstehen. In jungen wie in älteren Jahren bevorzugte sie morgens ein Schälchen Milch. Ja, ich weiß, dass Katzen eigentlich keine Milch trinken dürfen, weil sie die darin enthaltene Laktose auf Grund des fehlenden Enzyms Laktase nicht verdauen können, aber Minka vertrug die kleinen Portionen sehr gut.

Kurz nach dem Aufstehen, begrüßte sie mich auf der Decke liegend neben dem Treppengeländer. Sie wartete auf eine liebevolle Ansprache und dem ersten Krauler. Dann rannte sie an mir vorbei die Treppe hinunter. Bevor ich mich überhaupt um meine Morgentoilette kümmerte, war meine allererste Tätigkeit den Fressnapf zu säubern und frisches Futter einzufüllen. Minka kam aber nicht wie gewohnt zu mir, obwohl sie eigentlich sehr neugierig war und alles mitbekommen wollte. Als ich anschließend in die Küche ging, hockte sie schon auf dem Stuhl und erwartete ihr Schlückchen Milch. Erst dann bequemte sie sich zum Futternapf. In der letzten Zeit war das wie ein Ritual von ihr geworden. Bekam sie nicht gleich die Milch oder beachtete ich sie nicht, maunzte sie mich an um mich daran zu erinnern.

Im Hause stolzierte Bobby herum, machte auf dicke Hose und „griff" Katzen, die durch unseren Garten liefen, durch die Glasscheibe an. Sein Buckel und Puschelschwanz waren schon imponierend. Wenn sich ihm aber draußen eine fremde Katze näherte, kniff er den Schwanz ein und gab Fersengeld. So schnell wie er konnte rannte er weg und ab durch die Katzenklappe ins Haus. Minka dagegen trat den Katzen entgegen und außer Gefauche ist nie etwas passiert. Kam Bobby wie von Furien gehetzt ins Haus gestürmt, ging sie raus. Minka war neugierig, aber nicht im negativen Sinne, sondern sie wollte auf dem Laufenden sein, wollte immer schlichten und helfen wo es ging. Kann man das sozial nennen? Sie setzte sich für andere, wie unseren Kater und unser Kaninchen, ein und dachte dabei nicht an sich selber, denn die anderen Katzen hätten sie ja auch verletzen können.

Böller und Silvesterkracher bereiteten Bobby große Angst. Pünktlich zu Silvester, wenn die Knallerei los geht, saust er hinter die Waschmaschine und ist den ganzen Tag nicht mehr zu sehen. Auch bei viel Lärm und unbekannten Menschen rast er weg. Sieht er große Leuten, die auch noch dunkel gekleidet sind, duckt er sich an ihnen vorbei und versteckt sich im Bett. Wir wissen nicht, ob er draußen diesbezüglich schlechte Erfahrungen gemacht hat, weil das Verhalten schon eigenartig ist. Was wir aber wohl schon mal sahen, war, dass er von Kindern mit Steinen beworfen wurde. Da lief ich nach draußen und schimpfte sie ordentlich aus. So wird nicht mit Tieren umgegangen! Das sind auch Lebewesen, die anständig behandelt werden wollen. Schließlich hat unser Kater den Kindern nichts getan. Er wollte nur gestreichelt werden.

Er ist eigentlich ganz lieb und sehr vertrauensvoll. Vergnügt läuft er zu anderen Menschen. Er bettelt richtig darum geliebt zu werden und schmust um die Beine herum. Dass man ihm so etwas antun kann, verstehe ich überhaupt nicht!

Mir sind auch Menschen unverständlich, die Tiere quälen, töten, in Mülltonnen stecken oder in Säcke ins Wasser werfen. Was denken die sich eigentlich dabei? Möchten sie je so behandelt werden? Bei uns in der Nähe gab es auch jemanden, der eine Zeit lang vergiftetes Fressen auf der Straße auslegte. Leider konnte der Täter nie gefasst werden. Auch Katzenfänger kommen in unregelmäßigen Abständen vorbei gefahren und sammeln „streunende" Tiere ein. Diese werden dann an Versuchslabore verkauft, wo sie für qualvolle Tests missbraucht werden, oder an die Fellindustrie, weil Katzenfelle angeblich gut gegen Rheuma helfen, was laut Deutscher Rheumaliga nicht stimmt: "Die Wirkung dieser Maßnahmen ist gleich Null". Ich darf gar nicht laut sagen, was ich mit den Menschen machen würde, wenn ich die in die Hände bekäme!!

Hunde werden auch nie zu Bobbys Freunden zählen. Unsere Bekannten hatten einen kleinen Welpen gekauft und besuchten uns einige Male mit ihm. Während Minka sich im Laufe der Zeit an den Hund gewöhnte, sich sogar in seiner Nähe niederließ und fraß, schaffte es unser Kater gerade in sicherer Entfernung an ihm vorbei zuhuschen, um an seinen Futternapf zu gelangen. Auf Bobby trifft ungemein der Spruch zu: „Große Klappe, nichts dahinter!"

Wieso Bobby eher ein wildes, ja wie Raubtierverhalten an den Tag legt, ist unverständlich. Die Prägung erfolgt doch durch die Mutter, den Geschwistern, dem Umfeld und dem Vorleben anderer Artgenossen. Er hingegen wurde schon als Winzling seiner Familie entrissen, entwurzelt, wochenlang alleine aufgepäppelt, dann nur kurz andere Artgenossen gesehen, aber nie Kontakt zu ihnen gehabt. Wenn dieser starke Trieb, diese Verhaltensweise Gen bedingt ist, dann stammt er bestimmt von einer Großkatze, einem Tiger ab. ☺ Hinzu kommt die entsprechende Fellzeichnung, so dass er von meinem Sohn deshalb auch „Tiger" genannt wird, obwohl unser Katerchen eigentlich nicht seine Krallen ausfährt. Das macht er nur nach mehrfacher Vorwarnung seinerseits. Wenn er etwas nicht mag faucht er zuerst, dann spricht seine Körpersprache schon Bände, wenn dann der Mensch nicht aufhört mit dem was unser Kleiner nicht mag, gibt es einen Schlag mit der Tatze, der manchmal ganz schöne Striemen hinterlässt.

Minka hat von Natur aus nadelspitze Krallen, die wir anfangs vom Tierarzt schneiden ließen, da die langen Krallen ihre Fortbewegung schon stark beeinträchtigten. Minka fing dann an zu hinken. Obwohl sie ständig den Kratzbaum benutzte, wurden die Krallen nicht kürzer sondern eher nur schärfer. Deshalb kam es oft vor, dass sie uns tiefe Kratzer auf der Haut hinterließ, ohne dass es ihre Absicht war. Manchmal blieb sie regelrecht darin hängen. Besonders gerne lag sie bei mir auf meinem Kopfkissen und „durchkämmte" meine Haare. Ab und zu musste ich schon die Zähne zusammenbeißen, weil sie mir eigentlich nur Gutes tun wollte, aber ihre scharfen Krallen verletzten meine Kopfhaut doch öfter. So musste ich manchmal ihre Pfötchen an die Seite legen oder festhalten, damit mein Kopf nicht zu sehr malträtiert wurde.

Katzen sind Individualisten

Ob die beiden Katzen sich verstanden, kann ich nicht wirklich beurteilen. Wie schon erwähnt, ließ sich Minka vieles gefallen, war geduldig und einfühlsam. So richtig miteinander gespielt hatten sie nur in jungen Jahren. Später drifteten ihre Interessen immer mehr auseinander. Bobby ist ein Kater, der die freie Natur liebt, Minka vergnügt sich lieber im Innenbereich. Wenn sie mal nach draußen geht, dann nur in unseren Garten. Unterhielt ich mich kurz mit einer Nachbarin vor deren Haustür, blieb sie auf unserer Hofeinfahrt sitzen und wartete bis ich wiederkam. Bei einer anderen Nachbarin ist die Haustür einsehbar. Stand ich dort, schaute Minka von unserer Einfahrt herüber. Nach längerer Zeit, als ihr die Luft wohl rein schien, kam sie zögernd zu mir. Ihr Revier war unser Haus und unser Garten. Sie brauchte und wollte keine Revierkämpfe ausfechten. Bobby dagegen war als junger Spund stundenlang unterwegs. Manchmal konnten wir ihn etliche Straßen weiter laufen sehen. Natürlich freuten wir uns, wenn er wieder zurück kam. Denn auf Grund der schlechten Erfahrung mit der Bauernhofkatze Frenzy, hatten wir Angst, dass er vielleicht auch nicht wiederkäme. Im Laufe der Jahre wurde sein Territorium wieder kleiner, ob es am Alter oder dem vermehrten Aufkommen von Nachbarschaftskatzen liegt, kann ich nicht ermessen.

Minka spielte gerne mit entsprechendem Katzenspielzeug. Bobby lehnte es kategorisch ab. Besonders dem Wischmopp und dem Besen war Minka sehr zugetan, so dass das Putzen durch das Spielen recht lange dauerte. Minka war leicht zu bespaßen. Wollknäuel, Bonbonpapier, Kuscheltiere, Bälle reichten ihr zum Vergnügen. Sie liebte es auch spielerisch durchs Haus gejagt zu werden, oder sich unterm Sofa zu verstecken. Dabei kamen natürlich auch ihre Krallen zum Einsatz, so dass unsere Sofas eine ganz neue individuelle Lederstruktur erhielten.☺ Es geschah beim Spielen und war keine Absicht. Ärgerlich nur, dass Katerchen sich unsere Stühle als Kratzbaum aussuchte, aber meist nur dann, wenn wir nicht da waren, so dass wir nicht entsprechend darauf reagieren konnten. Erst viel später erfuhren wir, dass es Spray gibt, das Katzen olfaktorisch nicht mögen. Hätten wir unsere Möbel damit besprüht, wäre uns vieles erspart geblieben. Tja, man lernt eben nie aus. Mit Wasser zu spritzen oder Ketten in die Richtung zu werfen, erzielte insofern nicht die gewünschte Wirkung, da alle Aktionen unserer Samtpfötchen impulsiv erfolgten und wir gar nicht so schnell die entsprechenden Gegenstände heranholen konnten. Da war die „Tat" schon ausgeführt. Maßnahmen im Nachhinein sind sinnlos, weil nicht zweckgebunden.

Welche Schäden unsere Katzen im Laufe der Jahre verursachten? Durch das Anschleppen der Mäuse fielen diverse Reparaturen an Waschmaschine und Spülmaschine an, die im Endeffekt dann doch erneuert werden mussten. Die Sofas sind auch „auf", werden aber erst ersetzt wenn keine Katze mehr im Haus ist. Vorher hat es doch keinen Sinn. Neue Esszimmerstühle wären auch von Vorteil. Unsere Tochter würde sich über Gardinen ohne Löcher und Zugfäden freuen, da Bobby gerne auf ihre Fensterbank klettert und von oben aus dem Fenster schaut. Merkwürdiger Weise findet er den Weg aber nicht wieder zurück, so dass er an der Gardine kratzt, damit sie auseinander geht und er von der Fensterbank springen kann.

Lieblingsplätze unserer Katzen gab es genug. Minka hatte keinen speziellen Schlafplatz, sondern nahm mal das Sofa, mal die unterschiedlichen Betten, mal den Teppich, mal Decken für einige Zeit in Beschlag. Legte ich Kartons oder Plastiktüten irgendwo hin lag sie dann auch darauf. Sie wechselte gern Standort und Aussicht, vielleicht auch die Sichtweise?

Bobby liebt es nach wie vor unter Decken oder Oberbetten zu kriechen. Einmal täglich braucht er wohl seine Höhle, in die er sich zurückzieht und schläft. Ich vermute, dass das auf seine Babyzeit zurückgeht, wo er in der Pelzmütze eingekuschelt lag. Ansonsten variieren seine Schlafplätze nicht groß. Er hat sich nur das Bett meiner Tochter, ihre Kuscheldecke und unser Bett ausgesucht und pendelt hin und her.

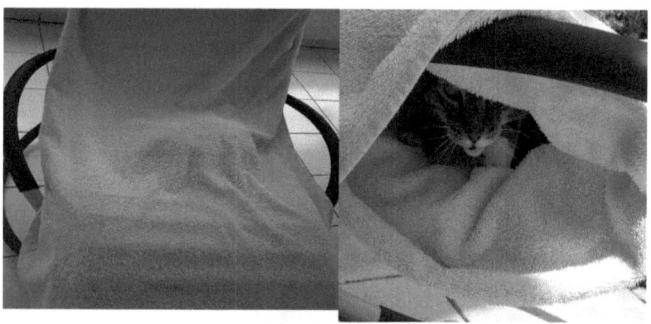

Minka war eine Schmusekatze, rieb ihr Köpfchen an mir, stupste mich an wenn sie auf den Arm wollte, kam über die Sofarückenlehne und legte sich auf meine Schultern, oder hinter mich aufs Kissen. Auf eine liebevolle unaufdringliche Art gab sie zu verstehen dass sie Streichel- und Schmuseeinheiten wollte. Auf dem Arm nehmen und tragen lag ihr nicht. Sie zeigte aber auch wenn sie genug hatte, oder nicht unsere Liebkosungen wollte wenn wir sie ihr geben wollten. Dann bewegte sie sich etwas unruhig, stand auf und ging langsam weg. Zurückgestoßen fühlten wir uns aber nie.

Bobby hingegen kann man für kurze Zeit auf den Arm nehmen, dann gibt er durch fauchen Bescheid, dass er runtergesetzt werden möchte. Überall schmust er mit seinem Köpfchen und hinterlässt damit seine Duftnote. Tagsüber ist er ein Streuner, ein Kater, der für sich sein will. Abends kommt er zu uns aufs Sofa und möchte, dass man sich um ihn kümmert. Leider ist er sehr unberechenbar. Wenn ihm etwas nicht passt, kann es sein, dass er unmotiviert zuschlägt oder beißt. Auch Minka hatte darunter zu leiden. Erst leckte er sie und auf einmal bekam er einen Ausraster und biss zu. Er rannte ihr sogar hinterher, um sie zu traktieren. Dann flüchtete sie unter das Sofa und es begann eine wilde Kratzorgie.

Die Liebe einer Katze ist unergründlich

Da ich schon von Bobbys Jagdtrieb erzählte, kann ich noch andere Episoden hinzufügen. Allerdings verstehen wir sowieso nicht woher er diesen starken Trieb hat. In allen Tieren kann er nicht stecken, denn Minka hat in ihren sechzehn Lebensjahren nur vier Mäuschen mitgebracht und die lebend stolz präsentiert. Bobby muss wohl den Instinkt der wildlebenden Verwandten vererbt bekommen haben. Von Klein auf war er auf der Jagd. Vor nichts machte er Halt. Er schleppte uns Mäuse, Babyratten, Frösche, Libellen, Vögel und Kaninchen ins Haus, tote wie lebendige. Es war furchtbar, wenn wir morgens nach dem Aufstehen oder abends beim Nachhausekommen überall im Haus Federn verstreut liegen sahen. Dann begaben wir uns auf die Suche nach dem Vogel, denn manchmal fraß Bobby seine Beute auf, manchmal spielte er nur damit und wir mussten die toten Tiere irgendwo aus den hintersten Ecken herausfischen. Lebendige Tiere versuchten wir zu retten und ihnen zu helfen.

Springende und quakende Frösche fanden wir nicht so erbaulich. Wie er die durch die Katzenklappe bekommen hat ist uns ein Rätsel. Waren sie einmal in unserem Haus, seiner Höhle, rührte er sie nie wieder an. Diese hüpfenden, schleimigen Tiere zu fangen und zu entfernen ist gar nicht so einfach. Besonders da unser Kater sie nachts herein brachte und wir halb schlafend auf Tierjagd gehen mussten, weil sie so unendlich laut quakten, dass sowieso keine Nachtruhe mehr möglich war.

Anhand der vielen Mäuse, die er uns anschleppte, lernten wir bald die verschiedenen Arten kennen. Spitzmäuse finde ich auf Grund ihres Aussehens nicht schön, aber die Hausmäuse sind richtig niedlich. Auch Feld- und Haselmäuse, aber auch kleine Ratten, brachte er uns liebevoll mit.
Einmal kam Bobby wieder mit einer lebenden Hausmaus an, die ihm aber entwischte und weglief. Doch ad hoc blieb sie stehen, drehte sich zu unserem Kater um, stellte sich auf die Hinterbeine und schaute ihn an. Unser Katerchen war so verblüfft, dass er gar nicht wusste, was er tun sollte. Die clevere Maus nutzte ihre Chance, rannte in unser Büro, kletterte die Gardine hoch und schaute von oben auf uns herab. Nein, das sah wirklich putzig aus! Wir versuchten sie aus den Vorhängen zu bekommen und nach einer längeren Verfolgungsjagd durch einige Zimmer konnten wir die Maus endlich in die Freiheit entlassen. Sie hatte es sich auch redlich verdient.

In jüngeren Jahren trug unser Kater die Mäuse überwiegend lebend in unser Haus. Damit sie ihm nicht wegliefen, biss er ihnen in den Rücken und lähmte so das Hinterteil. Anfangs wussten wir nicht, wie wir uns verhalten sollten. Die Mäuschen taten uns leid, doch sehr schnell bemerkten wir, dass die Lähmung nur vorübergehend war. Sie versuchten aus der Reichweite unserer Katze zu kriechen. Dabei zogen sie die gelähmte Körperhälfte nach oder stellten sich tot. Nach einiger Zeit erholten sie sich aber wieder und rannten so schnell sie konnten fort, um sich zu verstecken. Wir hatten Mitleid mit den kleinen Geschöpfen und versuchten, sie so weit es ging, zu retten. Ein winzig kleines Mäuschen, das durch den Biss momentan gelähmt war, legte ich vorsichtig in einen Schuhkarton, stellte etwas Käse und ein Tellerchen Wasser dazu damit es sich erst einmal erholte bevor es zurück in die Freiheit käme. Nach einigen Stunden sah ich es fröhlich am Käse knabbern und setzte es wieder ins Gras.

Mit den toten Mäusen spielte unser Kater nur eine kurze Zeit, da er sehr schnell das Interesse daran verlor. Merkwürdigerweise fraß er in seiner jahrelangen Zeit als Jäger nur einmal eine Maus in unserem Beisein. So schnell konnte ich gar nicht fort sehen, wie er sich die tote Maus schnappte und mit dem Kopf zuerst ganz hinunterschlang. Iiiih, wie ekelig für mich, für ihn ganz normal. Ich frage mich immer wie eine Katze das Ganze verdaut, die Knochen, Innereien, Haut. Ja, ich weiß, dass das Sekrete im Magen bewirken und dass Unverdautes wieder herauskommt, aber vorstellen kann ich mir das trotzdem irgendwie nicht, will ich wohl auch nicht!

Wir haben extra eine Katzenklappe in die hintere Außentür montiert, damit unsere Katzen rein- und rausgehen können wie sie möchten. Auf der anderen Seite bekommen wir aber auch nicht immer mit, wenn uns Tiere ins Haus geschleppt werden. So fanden wir einmal beim Saubermachen hinter einem Schrank ein kleines Mäusenest mit leider toten Mäusebabys. Die Mutter war fort. Die Tiere sind ja so klein, dass sie selbst durch den kleinsten Spalt kommen. Im Hauswirtschaftsraum nisteten deshalb auch öfter Mäuse zwischen dem Werkzeug. Sie zerkleinerten Pinsel, zerschnippselten Plastiktüten und machten sich daraus ein Nest. Sehr nett war es auch, wenn die Wäsche im Wäschekorb angeknabbert war :-(Wir konnten uns eine Zeitlang nicht sicher sein irgendwo wieder einer Maus ins Auge zu blicken.

Unsere Küche wurde zum favorisierten Lieblingsort der kleinen Nager. Durch die Ritzen der Leisten krochen sie hinter die Blenden der Küchenmöbel. Wir hörten es scharren und trippeln, aber selbst durch Leckereien, wie Käse oder Schinken ließen sie sich nicht hervorlocken. Lebendfallen wichen die meisten geschickt aus. Lieber liefen sie zum Katzenfressen. Meine Güte können Mäuse clever sein! Als einmal die Spülmaschine defekt war, fand der Mechaniker ein Mäusenest oben in der Abdeckung. Durch den Urin ist die Elektronik zerstört worden. Der Mechaniker musste einige Male wegen Mäuseschaden zu uns kommen. Was soll der wohl von uns gedacht haben!? Eine Wasch- und Spülmaschine wurden im Laufe der Zeit durch Mäuse außer Gefecht gesetzt. Können wir der Katze böse sein, nein, schließlich ist das der Jagdinstinkt und dass unser Katerchen seine Beute in seine Höhle bringt ist legitim. Sind wir ja selber Schuld, wir könnten die Katzenklappe auch zu gewissen Zeiten schließen oder nur öffnen, wenn jemand zu Hause ist. Das empfinde ich aber als Reglementierung. Es wäre für mich so, als ob man die Tiere einsperren würde. Außerdem jagt nicht jede Katze. Wenn ich an meine Minka denke, die so gut wie nie ein Tier mit herein gebracht hatte.

Von Vögeln fanden wir überwiegend nur Federn, mit Libellen und Fröschen wussten wir später auch umzugehen, von Mäusen habe ich ja ausführlich berichtet, aber Kaninchen, nein, schrecklich!
Deshalb auch unsere Angst um unser Kaninchen. Gerade in seiner Sturm- und Drangzeit brachte unser Katerchen viele Kaninchen ins Haus. Furchtbar, wenn wir morgens die Treppe herunterkamen und irgendwo ein halbes Kaninchen lag. Mal nur das Vorderteil, ein anderes Mal das hintere Teil. Da hört bei mir die Katzenliebe auf! Ich konnte Bobby nicht dafür loben, dass er sogar seine Beute mit uns teilt. Nein, ich schimpfte wie ein Rohrspatz, was eh nichts nützte, da er sich gar nicht mehr daran erinnerte und überhaupt wusste worum es ging. Außerdem was es sein Instinkt, dem er nur folgte. Egal, ich musste mir einfach Luft machen. Manchmal fanden wir auch lebende Kaninchen, die sich verschreckt und verängstig in eine Ecke gedrängt hatten. Diese setzten wir vorsichtig in einen Korb und brachten sie zu einer nahegelegenen Wiese, um sie dort wieder auszusetzen.

Wenn man sich Katzen anschafft, die auch Freigänger sind, muss man mit den vielfältigsten Möglichkeiten und Unvorhergesehenem rechnen. Natürlich ist alles vom Charakter des Tieres abhängig.

Liebeserklärung an eine Katze

Es gibt nichts Schöneres ...

... als eine selig schlafende Katze

... als das Schnurren einer glücklichen Katze

... als zwei Katzenaugen die dich liebevoll anschauen

... als ein wunderschöner, geschmeidiger Katzenkörper

... als eine glückliche Katze, die sich in der Sonne wälzt

... als die weichen, warmen Pfötchen zu streicheln

... als eine kleine Katze beim Erwachsenwerden zu begleiten

... als einer eigensinnigen Katze mal wieder nachzugeben

... als der liebevolle Blick einer gesund gepflegten Katze

... als ein wunderbares Lebewesen genannt „Katze"

(Quelle: internet, Autor unbekannt)

Eine Katze kann das Heimkommen in ein leeres Haus in ein „nach Hause kommen" verwandeln
(Pam Brown)

Minka

Ich bin glücklich mit meinen Katzen, besonders mit Minka. Sie suchte mich aus, wollte ihr Leben mit meinem teilen und sie gab mir reichlich. Litt ich unter Migräne, legte sie sich neben mich und berührte mit ihrem Pfötchen meinen Arm oder meine Schulter, als Zeichen der Zuwendung, dass sie mit mir fühlte. Ging es mir manchmal einfach nicht gut, kam sie zu mir, legte sich um meine Schultern oder rieb ihr Köpfchen an mein Gesicht. Zeigten sich andere Krankheitssymptome nahm sie auf meinem Bauch Platz, wo sich auch das Sonnengeflecht für Ruhe befindet. Mein Kätzchen spürte genau wo und wie stark ich Schmerzen hatte und passte ihr Verhalten automatisch meinem Unwohlsein an. Sie zeigte mir, dass sie für mich da ist und tat alles, dass ich mich wohler fühlte oder bessere Laune bekam.

Egal zu welcher Zeit ich mit dem Wagen vorgefahren kam, Minka lief mir schon im Flur entgegen und begrüßte mich.

Von den Mahlzeiten wollte sie nicht ausgeschlossen werden und verlangte vehement auch etwas von meinem Essen zu probieren. Bei gemeinsamen Mahlzeiten stellten wir ihr stets ein kleines Tellerchen mit unseren Speisen neben unseren Tisch auf den Boden.

Wie ich schon beschrieb, war Minka für andere Tiere wie Menschen da, war einfühlsam, setzte sich für andere ein, beschützte, war neugierig und wissbegierig, eine Katze mit Persönlichkeit.

Duftmarken setzte sie keine. Sie brauchte kein Revier, kein Territorium. Sie musste nicht zeigen, wer oder was sie war. Sie war einmalig und passte so gut zu mir, da sie auch gerne „redete". Manchmal fiel ihr „Geplapper" uns schon auf die Nerven. Ach, wie gerne wäre ich Katzenflüsterin und hätte verstanden, was sie mir mitteilen wollte. Morgens ließ sie mich mit ihren „Gesprächen" in Ruhe. Sie hat in all den Jahren mitbekommen, dass ich ein Morgenmuffel bin. Tagsüber hatte sie keine Gelegenheit sich mit jemand zu „unterhalten". Bobby war meist an der frischen Luft, oder schlief oder ärgerte sie nur. Mit dem Alter nahm die „Redseligkeit" ihrerseits immer mehr zu. Lustig war es, wenn ich versuchte in ihrer Katzentonlage zu „sprechen". In jüngeren Jahren ging sie darauf ein, später schaute sie mich nur noch mitleidig an. Sie hielt mich bestimmt für durchgeknallt. Das ist bestimmt so, als ob man das Gebrabbel von Babys versucht nachzuahmen. Intelligent wie sie war, fühlte sie sich nicht ernst genommen. Meist drehte sie sich nach intensivem Anschauen um und ging ohne etwas zu „sagen" fort. So, das hatte ich nun davon! Ich wurde dafür bestraft, weil ich anmaßend gehandelt hatte.

Nachtragend war sie eigentlich nie. Nur wenn ich nach ein paar Tagen Urlaub wieder nach Hause kam, beachtete sie mich einige Zeit nicht. Sie war wohl beleidigt, dass ich ohne sie weggefahren war und sie alleine gelassen hatte. Egal, ob ich ihr Leckerlis anbot oder sie streicheln wollte, sie ließ mich einfach stehen und stolzierte aus dem Raum.

Angst vor Fremden oder unbekannten Dingen zeigte Minka nicht, oder überspielte es so gut, dass wir ihre Furcht nicht wahrnahmen. Sie registrierte alles aus einer sicheren Position heraus und wenn sie es für angemessen hielt, kam sie zu uns. Berührungsängste hatte sie keine und war für alles und jeden aufgeschlossen. Auch neue Möbelstücke / Wohngegenstände oder räumliche Umstellungen nahm sie gelassen hin, obwohl Katzen doch die Gleichförmigkeit, Konstante bevorzugen und jegliche Veränderungen im Alltag verabscheuen. Souverän ging sie mit neuen Situationen um.

Bobby

Von unserem Kater habe ich nicht mehr viel zu erzählen, da er ja schon in den anderen Kapiteln immer mit erwähnt wird.
Also noch mal kurz zusammengefasst, sonst ist er bestimmt sauer, wenn ich ihm nicht auch ein Kapitel widme. ☺

Bobby holten wir als kleines Würmchen aus dem Katzenheim und er entwickelte sich zu einem überaus guten - zu unserem Leidwesen - zu erfolgreichen Jäger. Er liebt die freie Natur und streunt gerne draußen herum.
Als versucht dominierende Schissebux, ließ er sich nicht mit fremden Katzen auf Kämpfe oder überhaupt auf Auseinandersetzungen ein, sondern kniff den Schwanz zusammen und weg war er. Allerdings traktierte er dafür Minka. An irgendjemanden musste er ja seinen Frust auslassen! ☹

Bobby kann schlecht andere Tiere um sich haben oder lässt sie neben sich gelten. Eben ein echter Pascha! Ihm behagt es nicht, die zweite Geige zu spielen und nicht beachtet zu werden.

In Sicherheit frech wie Oskar, aber vor Fremden gibt er Fersengeld! Aber nicht bei allen, sondern nur bei großen Menschen, die dunkel gekleidet sind. Auch wenn wir schwarze Jacken oder Mäntel an oder ausziehen, duckt er sich und weg ist er.

Unser Katerchen bevorzugt bestimmte Plätze. Meist sind das zwar unsere Betten und Kuscheldecken, aber er legt sich auch mit Vorliebe auf die Sachen, die wir gerade benutzen, z.B. Zeitung oder Laptop, damit er unsere volle Aufmerksamkeit erhält.

Beim Fressen war er bisher unkompliziert. Jetzt im Alter wird er anspruchsvoller und frisst nicht mehr alles, was man ihm vorsetzt. Er setzt sich gerne in der

Küche vor den Kühlschrank und will uns mit seinen Blicken hypnotisieren. Er sitzt nur still da und guckt und guckt und guckt … uns an. Erfolgt unsererseits keine Reaktion, kommt er herüber und fordert uns durch direkt ins Gesicht starren auf, ihm was zu geben. Stehen wir immer noch nicht auf, kann es sein dass er uns dann beißt: „Donnerwetter, Mensch, siehst du nicht, dass ich was zu Fressen haben möchte?" Allein das devote Sitzen und die „traurigen" Augen reichen schon, dass wir aufstehen und ihm etwas aus dem Kühlschrank zu fressen holen. Pawlowsche System, dem Menschen antrainiert!

Unser Katerchen ist sehr fotogen, während Minka - die beste aller Katzen – leider für Fotos völlig ungeeignet war. Deshalb lebe ich von den inneren Bildern, die ich noch von ihr habe, denn die paar Fotos geben meine außergewöhnliche Katze gar nicht wieder. Von Bobby dagegen könnte man zig Katzenkalender erstellen.

Auch er ist mittlerweile ein Opa geworden und fängt an zu jaulen. War er früher ein ruhiger Kater, schreit er jetzt fast nur noch. Und wie! So ein tiefes aus dem Inneren herauskommendes Jaulen. Das hört sich furchtbar an. Er „schreit" zu allen Gelegenheiten, selbst wenn wir da sind, kommt er in den Raum und schreit. Das hat lange vor Minkas Tod begonnen, sich eventuell jetzt etwas verstärkt wo er alleine ist. Aber mit Krankheit hat es nichts zu tun. Denn außer Arthrose in den Hüftgelenken geht es ihm gut. Und ob er Minkas Leiden und Tod überhaupt mitbekommen hat, bezweifeln wir auch. Bis zum Schluss verfolgte, jagte und biss er sie und nahm keine Rücksicht auf ihren Krankheitszustand. Wenn wir es sahen gingen wir dazwischen. Arme Minka, was musste sie aushalten. Auch in der Todesnacht, schaute er sie nicht an, sondern ging einfach an ihr vorbei. Hätte sie sich nicht eventuell über ein liebevolles „Aufwiedersehenlecken" gefreut? Ich weiß es nicht. Menschen brauchen dann Zuwendung und ihr hätte es bestimmt auch gut getan.

Bobbys Alltag hat sich vom Ablauf her kaum verändert. Natürlich ist er jetzt alleine, aber ob er Minka je wirklich gebraucht hat, ist die Frage. Er schläft sehr viel, was aber auch mit seinem Alter zu tun haben kann. Natürlich haben wir nachgedacht, ob wir ihm ein neues Kätzchen zur Seite stellen. Auf Jüngere kann er eifersüchtig werden, außerdem brauchen diese noch viel Aufmerksamkeit und Zuwendung, die wir ob unserer jetzigen Lebenssituation nicht mehr gewährleisten können. Kleine Katzenkinder können nicht den

ganzen Tag alleine gelassen werden, und ohne intensiven Kontakt zum Menschen kann auch keine Gewöhnung an ihn erfolgen. Nein, ein Katzenjunges steht somit außer Frage und eine ältere Katze möchten wir auch nicht. Die beiden müssten sich beschnuppern, aneinander gewöhnen. Auch ist der Zeitfaktor der ausschlaggebende Punkt.
Wir sind alle älter geworden, die Kinder aus dem Haus, die Arbeitszeit geht weit bis in die Abendstunden hinein, da ist keine Zeit für eine Eingewöhnung an eine neue Katze – egal ob jung oder alt – gegeben. Und sich jetzt noch für lange Zeit binden, nein, das wollen wir nicht mehr.

Bobby ging seinen Lebensweg bis jetzt mit Minka gemeinsam. Nun muss er ihn allein bis zum Ende weitergehen. Mal schauen, wie lange er noch bei uns sein darf.

Neugier ist nicht immer der Katze Tod

Sind Katzen neugierig, oder wollen sie nur nicht ausgeschlossen werden? Eine interessante Fragestellung. Wenn ich bedenke, was meine Fellknäule so alles begutachtet haben. Kartons jeglicher Art wurden beschnuppert, beziehungsweise Duftmarken gesetzt und dann versucht hineinzuklettern, egal wie klein das Behältnis auch war. Etwas Neues musste immer erst einmal in Augenschein genommen werden. Manchmal suchten wir Minka stundenlang, sie aber schlief ruhig in einem Karton im Hauswirtschaftsraum, natürlich mit den oberen Teilen geschlossen, so dass kein Mensch je auf die Idee käme, dass sich darin ein Tier befinden würde.

Bei Tüten habe ich Angst, vielleicht mit dem Gedanken im Hinterkopf, dass Kinder wegen Erstickungsgefahr nicht damit spielen sollen. Nun, Katzen sind wesentlich cleverer, krabbeln gerne hinein, finden aber immer wieder zurück oder schütteln sie ab. Trotzdem räumten wir Tüten und große Plastikfolien aus deren Reichweite. So erzieht uns das Tier auch zu Ordnung!

Viele Katzen verstecken sich in Papierkörben, Abfalleimern, Blumentöpfen, versuchen sich in Rollen, Rohre oder Vasen zu zwängen, was unter Umständen sehr gefährlich für sie werden kann. Ich mag erst gar nicht an die Mülltonnen denken.

Unser Katerchen interessierte sich in jungen Jahren für alles. Stand beim Nachbarn die Haus- oder Terrassentür offen, ging er hinein und inspizierte alles. Genauso liebte er offen stehende Autos. Ich hatte immer Angst, dass er eines Tages in ein Paketauto springen und aus Versehen mitgenommen werden würde.
Auch Garagen durchstöberte er mit Leidenschaft. Es kam öfter vor, dass er mal eine ganze Nacht nicht nach Hause kam, was für ihn ungewöhnlich war. Am nächsten Tag bat ich die Nachbarn ihre Garagen zu öffnen und schwups kam er herausgeschossen. Wir sind froh, dass ihm in all den Jahren diesbezüglich nie etwas geschehen ist.

Kaum klingelte es an der Tür, stolzierte Minka in den Flur, um zu schauen, ob der „Eindringling" ihren Familienfrieden stören würde. Hatte sie gesehen, wer kam und sich ein Bild gemacht, drehte sie sich auf dem Absatz um und legte sich wieder auf ihren Platz.

Besonders Bobby liebt es die Heizung hoch zu springen und aus der Vogelperspektive den Garten zu beobachten. Ohne Rücksicht auf Gardinen und störende Sofas kraxelt er hinauf, ganz nach der Manier: „Platz da, jetzt komme ich!" Aus lauter Verzweiflung ziehen die Gardinen schon Fäden, Hauptsache er hat freie Sicht.

Kissen und Decken werden meist dann in Beschlag genommen, wenn wir Zweibeiner sie benutzen wollen. Unter Garantie sind die Katzen schneller.

Und was befindet sich eigentlich so alles in den Schränken und Schubläden? Vorsicht ist geboten, wenn Schränke eine längere Zeit offen stehen. Die schmerzliche Erfahrung mussten beiden Katzen und ich machen. Morgens Kleidungsstücke herausgesucht, angezogen, Schrank wieder zu und ab zur Arbeit. Abends beim Essen hörte ich leises Maunzen. Ich ging auf die Suche, woher das Miauen kam. Es hat lange gedauert ehe ich verstanden habe dass meine Lieblinge im Schrank eingesperrt waren. Kaum aus ihrem Gefängnis entlassen, zogen sie beleidigt und maunzend an mir vorbei. War ich ja selber Schuld, hatte ich ihnen eine schöne ruhige Höhle mit weicher Unterlage geboten, nur vergessen, den Ausgang aufzulassen.

Wie oft schlug tagsüber eine Tür zu und meine beiden waren unfreiwillig in einem Raum eingesperrt. Wir haben aber das Glück, dass sie sich schnell in ihr Schicksal ergeben und schlafen. Sie haben Vertrauen und wissen, dass ihnen nichts geschieht, dass wir ihnen helfen und für sie sorgen.
Wenn ich jetzt das Haus verlasse, schaue ich vorher in jeden Raum, in die hinterste Ecke, damit so etwas nicht mehr geschieht. Außerdem benutze ich nur noch Türstopper.

Die dollen fünf Minuten

Was wir nie verstanden und uns teilweise erschreckte, weil eben unmotiviert ausgeführt ... die dollen fünf Minuten unserer Katzen.

Mitten im Spiel oder gerade nach dem Fressen, sauste Minka ab wie von der Tarantel gestochen. Anfangs wussten wir gar nicht was los war und dachten, sie sei krank. Irgendwie ein Nervenleiden vielleicht?! Sie raste plötzlich los, schoss durch das Wohnzimmer, schlingerte mehr oder weniger elegant an der Glastür vorbei, die Treppen hoch und ab aufs Bett. In der Zeit, wo sie ihren „Anfall" bekamen, war es besser sich nicht von der Stelle zu bewegen. Wir wollten nicht die Ursache für geprellte Knochen oder Hirnerschütterungen sein. Wenn Minka loslegte, nannten wir sie Fury, da sie uns an das Pferd aus der Kinderserie der sechziger Jahre erinnerte. Leider hat Minka im Laufe der Zeit, in ihrer Sturm- und Drangphase, öfter Bekanntschaft mit Gegenständen machen müssen. Wir haben nämlich vieles aus Glas, was sie wohl bei der Raserei nicht so schnell sehen konnte. Es bumste schon gewaltig, wenn sie um die Ecke gesaust an den Glastisch stieß. Gott sei Dank ist ihr nie etwas geschehen.

Bobby ist ruhiger in seinen Aktionen. Er umrundet auf der Seite liegend den Teppich. Er zieht sich praktisch daran entlang, was er auch an der Unterseite des Sofas macht. Das schaute Minka ihm später ab und versuchte sich auch mal daran. Aber ihr war das wohl zu wenig Action. Sie blieb bei der Raserei. Mit jugendlichem Übermut oder Rolligsein hat das nichts zu tun, denn beide Katzen machen das noch im hohen Alter von sechzehn Jahren. Es gibt verschiedene Erklärungen dafür, aber genau weiß es niemand. Schließlich sind wir keine Katzen und wissen warum sie es tun. Aber vielleicht sollte man einfach nicht darüber nachdenken, und es so hinnehmen wie es ist. Warum überkommen uns Menschen auch manchmal komische Anwandlungen? Tja, selbst wir können das dann nicht erklären. Also lassen wir unseren Fellnasen die „Dollzeit". Mal schauen, was eure Katzen in der Phase anstellen, denn es trifft jeden, da könnt ihr euch drauf verlassen, Ehrenwort!

Lieblingsplätze der Katzen

Wo meine Katzen auch überall lagen! Eigentlich hatte jede ihren favorisierten Ort oder bevorzugten gemütliche Stellen mit Komfort. Aber wehe sie sahen, dass man mit einer Zeitung am Tisch saß, schon kamen beide heran schlawenzelt, aber immer schön getrennt und abwechselnd, als hätten sie sich abgesprochen – sprangen auf den Schoß oder auf den gegenüberliegenden Stuhl und platsch, legten sie sich mitten auf die Zeitung. Kein liebevolles Zureden, wegschieben, schimpfen nutzte. Dickfällig blieben sie träge liegen. Noch nicht einmal in die Augen konnten sie uns dabei schauen. Nein, der Podex war uns zugewandt. Das sagt doch wohl alles! Genüsslich die Sonntagszeitung zu lesen war damit hinfällig. Erst nach einer Runde kraulen,- die Länge wird natürlich von den Vierbeinern bestimmt-, wurde sich gerekelt, sich geleckt und dann hoheitsvoll aufgestanden und vom Tisch stolziert.

Besonders der Laptop wurde von meinen Samtpfötchen bevorzugt. Ich klappte ihn auf, kuschelte mich behaglich ins Sofa und fing mit dem Tippen an. Aber nicht für lange Zeit. Minka kam den längeren indirekten Weg über die ganzen Sofarücken entlang, von hinten über die Kissen, auf meine Schulter, über die Brust auf den Läppi. Manchmal machte sie erst eine kurze Zwischenstation zwischen Kissen und Schulter, um dann mit einem graziösen Sprung eben auf der Tastatur zu landen. Bobby dagegen ist plumper. Sofa direkt neben mir hoch und ab auf den Läppi. Noch perfider war seine Idee, sich einfach auf meine Brust zu setzen, so dass ich weder etwas sehen noch tippen konnte. Beide legten sich bequem hin, ohne mich eines Blickes zu würdigen. Meine „erzieherischen" Maßnahmen waren inkonsequent. Mal durften sie bleiben, mal jagte ich sie weg, gerade wie ich gelaunt war. Dann zog Minka beleidigt ab und war einige Zeit nicht mehr zu sehen. Außer der drastischen Maßnahme des Wegjagens zogen andere Mittel überhaupt nicht. Trotzdem versuchte Bobby es immer wieder, der Quälgeist.

Natürlich versuchten beide auch während des Essens den Tisch mit den köstlichen Gerüchen zu erklimmen. Ich lasse ja wirklich viel durchgehen, aber hier hört es sogar für mich auf. Das finde ich unhygienisch. Allerdings verhalte ich mich insofern widersprüchlich – oder auch nicht? – wenn ich am Tisch sitze und schreibe und beide Katzen über einen Stuhl sich zu mir auf die Tischplatte legen dürfen. Sie wollen wohl nicht alleine sein und deshalb lasse ich sie dann gewähren. Aber können sie jetzt zwischen Essen auf dem Tisch und Papier unterscheiden, oder wollen sie nur nicht? Ich schätze Letzteres.

Ganz vergessen habe ich noch, das Stören beim gemütlichen Lesen. Man darf alles machen, aber bitte nur mit der Erlaubnis unserer vierbeinigen Lieblinge. Warm eingemummelt, eine spannende Lektüre zur Hand, eventuell noch etwas figurfreundliche Knabbereien neben sich, soll der Abend beginnen. Pustekuchen, entweder erfolgen die tippelnden Schritte, der Sprung und Landung auf dem Buch oder – noch besser – der Hals wird als Liegeplatz ausgesucht. Damit hat sich das Lesen erledigt, denn die warme Halskrause geht nicht von alleine fort und wer mag schon das liebliche, warme, anschmiegsame, leise schnurrende Wesen von sich stoßen? Eben … keiner. So wird das Buch an die Seite gelegt und hält Gottes Geschöpf ergeben aber auch zufrieden aus. Ruhe kehrt auch dadurch in uns ein.

Fressverhalten

Unsere Katzen fressen eigentlich sehr zivilisiert. Eigentlich ... Minka fraß wie eine Grande Dame, immer nur ein bisschen, zwischendurch etwas trinken, dann wieder fressen. Sie bevorzugte Fischspezialitäten. Nein, nicht jede Marke die wir einkauften war genehm. Sehr oft konnten wir das komplette Fressen fortschütten, weil Madame es nicht angerührt hatte. Damit demonstrierte sie uns, dass sie es nicht mochte. Merkwürdiger Weise fraß unser Kater das dann auch nicht mehr.

An drei Mahlzeiten hielt sich sowieso keiner. Minka forderte Leckerlis, da ein Stück Käse, dort gekochtes Fleisch, mal was von meinem Brot oder wollte unsere Teller ablecken. Sie, genau wie unser Kater, setzten sich in die Küche vor den Kühlschrank. Das war ihr Zeichen uns mitzuteilen, dass wir ihnen etwas anderes zu fressen geben sollten, außer ihrem Katzenfutter. Nur, jeder machte sich anderes bemerkbar. Minkas ganze Art drückte das Verlangen aus, ohne fordernd zu wirken. Sie stand vor dem Kühlschrank und schaute uns an, oder drehte kleine Runden davor und sah zu uns herüber, oder setzte sich davor und fixierte uns. Erst später artikulierte sie ihr Verlangen lautstark in der Katzensprache.

Bobby hingegen saß nur da und starrte uns traurig an. Er sagte nichts, er rührte sich nicht, er schaute nur, laaaaaaaaaaaaaaaaange. Eben so lange, dass wir es nicht aushielten, aufstanden und ihm etwas aus dem Kühlschrank hinlegten. Ziel erreicht, der Mensch gibt nach!

Wonach der Spruch zutreffend ist:

Die Katze ist das einzige Tier, das den Menschen eingeredet hat, er müsse es erhalten, es brauche aber nichts dafür zu tun.
(Kurt Tucholsky)

Käse, du meine Güte, wir hatten eine Käsekatze! Minka fraß einen ganzen Camembert in der Woche alleine auf und das noch neben diversen Hartkäsestückchen wie Edamer und Gauda. Thunfisch, eine ihrer Leibspeisen und sie liebte es das dazugehörende Öl zu schlabbern. Ihre Vorlieben waren Käse, Sahne, Fisch, Brathähnchen, neben all den Sachen, die sie noch von meinem Teller bekam. Ich weiß, dass das kein artgerechtes Fressen war, aber es ist ihr in all den Jahren nicht schlecht dabei ergangen oder deswegen erkrankt. Bei Anzeichen von Unwohlsein oder noch Schlimmeren hätte ich sofort damit aufgehört. Worauf ich auf jeden Fall achtete, war, dass meine Katzen keine Süßigkeiten und kein rohes Schweinefleisch (kann Erreger einer tödlichen Krankheit enthalten) zu fressen bekamen, da diese so schädlich sind, dass es sogar zum Tod führen kann.

Minka fraß aus dem Napf und schlabberte artig vom Tellerchen. Nur das gute Essen schnappte sie mit spitzen Zähnen vom Teller, legte es etwas abseits und fraß es dann.
Unser Kater hingegen wartete bis Minka mit dem Fressen fertig war und stürzte sich wie ein Verhungerter darauf. Mehr als die Hälfte des Futters befand sich nach dieser Attacke neben dem Napf verstreut. Wasser trinkt er nicht aus dem Schälchen, sondern sucht es sich irgendwo draußen. Sein favorisiertes Fressen ist rohes Fleisch und Wurst. Da kommt ganz der Urinstinkt, das Männliche heraus, der Jäger. Außerdem fraß er liebend gerne das Trockenfutter. Seit Minkas Ableben mag er am liebsten nur noch rohes Fleisch

fressen, was er aber nur zusätzlich am Wochenende erhält, weil auch rohes Rind- oder Geflügelfleisch von BSE oder Salmonellen befallen sein kann. Auch vom Trockenfutter nimmt er plötzlich Abstand.

Merkwürdiger Weise haben beide Katzen nie Fellknäuele ausgewürgt, wie es eigentlich bei Katzen üblich ist. Anfangs hatten wir Bedenken dass sie krank würden wenn die Haare im Magen verbleiben, aber das ließ im Laufe der Jahre nach, als wir merkten dass unsere Katzen fit und gesund blieben. Dann war es eben so, kein Gewürge! Musste ich auch nicht unbedingt haben. Unsere erste Katze Frenzy hatte ihre Haarballen an Stellen hoch gewürgt, die nicht immer sehr einsehbar waren. Hm! Aber gehaart und geleckt haben sich unsere Katzen. Von dem Fell könnte ich Jacken, Pullover und kleine Teppiche knüpfen. Minka leckte sich so unermüdlich und ausgiebig, dass ich Angst um ihr schönes schwarzes dichtes Fell bekam. Bobby beißt sich das sogar stellenweise aus, das Lecken dauert ihm wohl zu lange. Gnubbel raus beißen ist schneller und effektiver. ☺

Katzenklappe pro und contra

Damit unsere Katzen auch tagsüber in die freie Natur können, haben wir extra eine Katzenklappe in die Außentür eingebaut. Somit entscheiden sie selber, ob sie sich den Wind um die Schnauze wehen lassen, ihr Geschäft innen oder außen erledigen, andere Tiere beobachten oder gemütlich eingekuschelt auf dem Sofa, Teppich oder Oberbett schlafen wollen.

Unsere Katzen fraßen als Jungtiere 1-2 größere Dosen Katzennassfutter, später merkwürdiger Weise nur 1-2 kleine Döschen. Doch plötzlich ging der Futterverzehr enorm in die Höhe. Von einem auf den anderen Tag waren 3-4 Dosen Nass- und ein ganzer Napf Trockenfutter leer. Das erstaunte mich maßlos. Hatten die beiden oder einer von ihnen vielleicht einen Bandwurm? Das konnte ja sein, wo sie auch rohes Fleisch zu fressen bekamen. Aber in der nächsten Zeit nahmen sie weder zu noch ab. Ich wusste einfach nicht weiter, aber das war nicht so ein besorgniserregender Grund, dass ich damit zum Tierarzt gefahren wäre. In meiner Urlaubszeit fand ich dann den gestiegenen Futterumsatz heraus. Gemütlich lag ich im Liegestuhl, als sich eine schwarze Katze näherte. Scheu schlich sie an mir vorbei, und ich registrierte sie nur aus den Augenwinkeln. Da ich dachte, dass das Minka sei, sprach ich sie an. Doch die Katze reagierte nicht, verharrte und schaute mich an. Ich sage sie, aber vielleicht war es auch ein Kater, so genau habe ich ja nicht hingesehen. Bei näherer Betrachtung bemerkte ich, dass sie viel dicker als Minka war und ein rotes Halsband, mit einer Glocke daran befestigt, trug. Da sie sehr schüchtern wirkte, blieb ich ruhig liegen, um sie nicht zu verscheuchen. Als die Katze merkte, dass nichts weiter geschah, lief sie weiter am Haus entlang. Vorsichtig drehte ich mich nach ihr um, und was meint ihr, was sie tat? Genau, sie schlüpfte durch unsere Katzenklappe und verschwand im Haus. Nach einiger Zeit hörte ich erneut das Geräusch der Klappe und die Katze kam wieder heraus. Diesmal rannte sie ganz schnell an mir vorbei, kroch unter unserem Zaun durch und weg war sie. Flugs lief ich zum Katzennapf. Alles war aufgefressen, nicht ein Krümel lag auch nur daneben. In der nächsten Zeit sahen wir die Katze öfter. Wir nannten sie auf Grund ihrer umhängenden Glocke „Glöckchen". Ha, wie einfallsreich! ☺ Sie hatte einen dicken Hängebauch und wir wunderten uns, dass sie damit überhaupt durch die kleine Katzenklappe kam! Wir fingen an, sie draußen anzulocken und zu füttern. Wer weiß, ob sie sonst noch durchs Haus laufen und bei uns bleiben würde. Nach einiger Zeit kam sie nicht mehr zu uns. Ich hätte schon gerne gewusst was aus ihr geworden ist.

Daraufhin wurde über eine Katzentür mit Magnetverschluss nachgedacht, Vor- und Nachteile aufgezeichnet. Im Endeffekt wurde die Idee für unsere Katzen verworfen. Katzen mit Halsbändern können sich verletzen und das wollten wir nicht. Jahrelang ohne Halsband und dann plötzlich diese enge Fessel am Hals, nein! Unsere Katzen sollten nicht darunter leiden, dass andere Hunger haben und Fressen suchen. Ver-

wandte haben eben aus dem Grund, dass keine anderen Tiere ins Haus kommen, ihrer Katze ein Magnethalsband umgebunden. Das muss wirklich sehr eng sitzen, da der Magnet auch ein Eigengewicht hat. Vielleicht muss man junge Kätzchen daran gewöhnen, damit sie es nicht so als Last und unbequem empfinden.
Wie bei allem, kommt es auf die eigenen Überlegungen an und was man bereit ist auszuhalten und anzunehmen.

Der klare Nachteil ist natürlich auch, dass unsere Samtpfötchen fremdes Getier herein schleppen, was wir gar nicht möchten. Aber das erwähnte ich ja schon.

Alternativ zur Katzenklappe wäre es, die Terrassentür oder ein Fenster zu bestimmten Zeiten zu öffnen. Dann können unsere Fellnasen zwar raus, aber nicht immer unbedingt wieder herein, wenn sie länger draußen verweilen wollen. Vielleicht kann man im oberen Stock nachts ein Fenster offen und das Rollo nicht ganz hinunter lassen!? Oder sonst einen warmen, trockenen Unterschlupf für die Nacht bauen, so lange die Katzen nicht ins Haus können. Wer seine Katze liebt, dem fällt schon was ein.

Demgegenüber ist die Wohnungskatze klar im Vorteil. Es gibt keine unliebsamen Besucher! Aber bitte aufpassen, keine gekippten Fenster oder Balkontüren und ein Sicherheitsnetz an den Balkon.

Wie Hund und Katze, stimmt das?

Hund und Katze spinnefeind? Wer sagt denn so was?!
Ob das was mit Schutzinstinkt zu tun hat?

Freunde von uns bekamen einen Schnauzer, einen kleinen Welpen, den sie öfter mit zu uns nahmen. Bobby hatte immer irgendwie Respekt vor ihm,- hatte ich schon erwähnt, dass er ein Schisser ist-, traute sich aber in den Raum herein, wo sich der Hund befand. Minka begutachtete den fremden Vierbeiner eine zeitlang, bildete sich ein eigenes Urteil und später fraßen sie sogar gemeinsam nebeneinander.

Wenn beide Tierarten miteinander aufwachsen, dann kommen sie auch gut miteinander aus, verstehen sich und tollen miteinander.
Leider ist der Hund viel zu früh gestorben und unsere Freunde haben sich einen Neuen ausgewachsenen, einen Straßenhund aus einem südlichen Land angeschafft. Hinzu kommt, dass er einer viel größeren Rasse angehört. Mit diesem Hund verstehen sich unsere Katzen überhaupt nicht. So groß, so fremd, so anders riechend. Auch der Hund ist meinen Katzen gegenüber nicht freundlich gesonnen. Verdenken kann ich ihm es zwar nicht, weil er bestimmt viel Böses und Unangenehmes in seinem kurzen Leben mitmachen musste, aber ich denke an meine Katzen, dass ihnen nichts passiert. Eigentlich ist es ein eher ängstlicher Hund, aber auf unseren Kater ging er los und verbellte ihn.

Mein Sohn hat jetzt auch einen großen schwarzen Hund, der wohl noch in der kindlichen Spielphase ist und unserem Kater hinterherläuft. Er möchte spielen, ihn kennenlernen, aber Bobby ist nun schon so alt, er kann keine Aufregung mehr vertragen, und Hunde gehörten nie zu seinen Lieblingsspielpartnern. Und Minka schaut vom Katzenhimmel zu. Wie sie wohl auf den Neuzugang reagiert hätte?

Einige Katzen greifen auch Hunde an, nach dem Motto: wer nicht wagt, der nicht gewinnt. Patsch, eine über die empfindliche Schnauze gezogen und die Hunde haben fürs Leben gelernt Achtung vor den kleinen Fellvierbeinern zu haben.
Es gibt also nur drei Varianten des Auskommens: akzeptieren, abhauen oder draufhauen. Die klugen Katzen wählen meist Variante zwei oder gehen den Hunden generell aus dem Weg.

Das Verhalten der beiden Tierarten ist grundverschieden. Hunde rennen ungestüm auf andere Tiere zu, um sie kennenzulernen. Dabei beschnüffeln sie sie. Vor Freude wedelt er mit dem Schwanz. Seine ganze Aufforderung: Spiel mit mir! Die Katze dagegen ist zurückhaltend, beobachtet. Auf plötzliche Annäherungen des Hundes reagiert sie mit Fauchen, sie fühlt sich bedroht. Sie hebt die Pfote, zum Schlag ausholend, was wiederum der Hund als freundliche Geste ansieht. So besteht eher ein Kommunikationsproblem zwischen den beiden Tierarten. Mit viel Geduld kann man aber auch ältere Hunde an Katzen und umgekehrt gewöhnen.

Während die Hunde von ihren Besitzern in jeglicher Hinsicht abhängig sind, können Katzen sich ihr Fressen auch alleine besorgen. Sperrt mal Hunde aus, die sitzen vor der Tür und jaulen zum Gott erbarmen. Sie kommen gar nicht auf die Idee, Futter zu suchen, weil sie es gar nicht mehr können. O. k. auf das Thema Straßenhunde müssen wir hier ja nicht eingehen. Katzen sind selbständig, warten nur eine kurze Zeit ob sie wieder herein gelassen werden, und begeben sich dann auf Futtersuche oder was ihnen sonst so in der Zwischenzeit in den Sinn kommt.

Und dann das Thema Erziehung: „Sitz", „Platz", „Gib Pfötchen", „Hol's Stöckchen", „Bei Fuß" und und und. Mit Belohnung - Leckerlis von den Menschen - zufrieden gestellt, an der Leine gezogen, Ketten oder Stöcke hinterher geworfen, ausgeschimpft bei Nichterfüllung der menschlichen Wünsche.
Die tierischen Bedürfnisse müssen sich auch der menschlichen Zeit anpassen. Also morgens vor der Arbeit und nachmittags, sowie vor dem Schlafengehen der Besitzer,- dazu sage ich gleich noch etwas -, hat der Hund gefälligst mit rauszugehen und seine Geschäfte zu erledigen. So werden die Schließmuskeln und Blasen nach menschlichen Wünschen trainiert. Na, das macht aber mal selber, nur dreimal täglich das stille Örtchen aufzusuchen. Passiert eine kleine Ungelegenheit in diesem Sinne in der Zwischenzeit in der Wohnung, wird der Liebling auch noch ausgeschimpft. Der arme Kerl versteht dann gar nicht wie ihm geschieht, weil es vor Stunden passiert ist und er sich keiner Schuld bewusst ist. Die Lautstärke ist noch

harmlos, andere tunken die Schnauze ihres Hundes in das Geschäft. Ach, und das soll helfen? Daran sehe ich nur, wie der Mensch doch dominieren möchte. Ja, ja, er ist eben der Rudelführer, sonst wird er vom Hund nicht anerkannt, ich weiß. Nur, unter Tieren kommt so ein Verhalten nicht vor.

Und zum Thema Besitzer, ja einen Hund besitzt man. Der folgt, hört, wacht, apportiert, legt sich hin, alles wie man ihm befiehlt und dafür ist er auch noch dankbar und leckt seinem Besitzer die Hand, liebt ihn und würde fast alles für ihn tun.

Hunde kommen, wenn sie gerufen werden.
Katzen nehmen die Mitteilung zur Kenntnis und kommen gelegentlich darauf zurück.
(Mary Bly)

Nein, tut mir leid, das Verhalten kann ich nicht nachvollziehen. Sicher haben die Menschen für sich gute Argumente, die Erziehung des Hundes schön zu reden. Ich verstehe auch, dass die Tiere nicht randalieren, andere ärgern, beißen und was weiß ich nicht sollen. Das wiederum erinnert mich stark an Kindererziehung, aber an negative. Ihr merkt, ich bin dagegen, dass andere tun sollen, was man selber möchte, aber ich sehe es so. Möchtet ihr denn tun, was andere von euch wollen und euch befehlen? Lehnen wir uns nicht auch gegen Bevormundung auf? Auch habe ich nichts gegen Hunde an sich. Ich mag einfach nur Tiere – wie Menschen- die einen eigenen Willen, eine eigene

Persönlichkeit haben und das haben nun mal eindeutig die Katzen.

Viele die mich kennen sagen, dass ich Tiere personifiziere, sie mehr als ein menschliches Wesen denn als Tier sehe. Mag sein und ist auch bestimmt so, aber ich fühle mich einfach wohler, Schwächere und Abhängige nicht zu bevormunden oder ihnen etwas auf zu oktruieren.

Eben wieder der Vorteil der Katzen, dass es bei ihnen einfach nicht funktioniert. Wenn sie etwa nicht mögen, laufen sie nach einiger Zeit fort und suchen sich ein neues Zuhause. Eigentlich sind Katzen treu und lieben ihren Menschen. Doch bei längerem Missfallen und wenn sie merken, dass die Chemie nicht stimmt, gehen sie ihren eigenen Weg. Hunde sind insofern treu, wie sie einem Rudelführer Dankbarkeit schulden. Das ist natürlich meine ganz persönliche Meinung.

Verletzungen bei Tieren

Wir hatten einen schönen großen Kratzbaum angeschafft und versuchten unsere Katzen daran zu gewöhnen. Dafür gibt es extra ein Spray, womit wir das Gestell ein paar Mal eingesprüht haben. Dieses Spray kann überall dort angewendet werden, wo man möchte, dass sein Tier es annimmt. Damit erhält man seine wertvollen Möbeln und lenkt sie auch von den Tapeten ab. Minka zog es dadurch zu dem Spielteil hin. Sie schnupperte etwas daran und fing sogleich an, sich die Krallen am Sisalstamm zu schärfen. Im Laufe der Zeit legte sie sich auch auf die Plattformen oder schlüpfte in die Höhle. Bobby hingegen interessierte sich so gut wie gar nicht dafür. Kein Locken, kein Leckerli brachten ihn dazu, sich den Kratzbaum näher anzuschauen. Wir mussten akzeptieren, dass er damit nichts anfangen konnte.
Es sei gleich vorweg gesagt, dass Minka das ganze Utensil nach einem Vorfall nicht mehr annahm, was zu verstehen ist. Sie lag wie immer auf der obersten Plattform des Kratzbaumes. Von hier aus hatte sie eine gute Aussicht aus einem Fenster in den Garten und somit einen geeigneten Beobachtungsposten. Wie so oft, schlief sie an diesem besagten Tag darauf ein. Ich war in der Küche, als ich plötzlich einen „Bums" hörte. Erschrocken lief ich durch die Zimmer, da ich keine Vorstellung hatte, was das gewesen sein konnte. Im Flur sah ich mein armes Kätzchen ganz verdattert auf dem Boden liegen. Sie muss mitten im Schlaf von dem Podest gefallen sein. Minka jaulte

nicht, klagte nicht, aber ich durfte sie auch nicht anfassen. Nach einiger Zeit richtete sie sich auf und ging leicht hinkend die Treppen hoch. Nach kurzer Zeit folgte ich ihr. Mein armes Mäuschen lag auf meinem Bett und leckte sich die Seite auf die sie wohl gefallen war. Sollte ich den Tierarzt anrufen? Hat sie sich etwa schwer verletzt? Ich beschloss erst einmal abzuwarten. Minka schlief daraufhin fast den ganzen Tag. Immer wieder schaute ich nach ihr. Gegen Abend erhob sie sich, lief die Treppe herunter und ging zum Fressen. Sie hinkte nicht mehr. Danach kam sie zu mir, hüpfte auf meinen Schoß und wollte gekrault werden. Dabei tastete ich vorsichtig den kleinen Katzenkörper ab. Offensichtlich gab es keine Beulen, keine Schwellungen, keine Brüche. Die nächsten Tage beobachtete ich Minka sehr genau, aber sie benahm sich wie immer. Gott sei Dank, waren keine Nachwirkungen des Sturzes geblieben. Seitdem lag Minka nicht mehr auf dem Kratzbaum und nahm auch die Höhle nicht mehr an. Sie benutzte den Stamm nur noch zum Krallen wetzen, das war's. Wie man so schön sagt, gebranntes Kind scheut´s Feuer.

Einen anderen schrecklichen Sturz überstand unser Kater. Bobby, der Jäger, brachte alles mit, was nicht bei drei auf den Bäumen war, beziehungsweise schnell genug aus der Reichweite seiner Krallen entfliehen konnte.
Es war ein schöner sonniger Tag, die Terrassentür stand offen und unsere Katzen vergnügten sich im Freien, als ich ein Zwitschern vernahm. Natürlich ist das nichts Außergewöhnliches, wenn man einen Gar-

ten hat, aber es hörte sich sehr nah an. Ich schaute überall nach und sah im Wohnzimmer ein kleines verletztes Vögelchen, Bobby in Lauerstellung davor. Um den Vogel vor Bobby zu schützen, trug ich unser Katerchen erst einmal aus dem Raum. Den Vogel ließ ich in Ruhe und beobachtete ihn. Sehr schnell erholte er sich wieder. Vielleicht stand er mehr unter Schock. Natürlich versuchte ich ihn vorsichtig in die Nähe der Terrassentür zu bewegen. Aber von wegen! Plötzlich erhob er sich, breitete seine Flügel aus und flog durch den Raum. Schnell lief ich zur Zimmertür, um diese zu schließen, doch das Vögelchen war schneller und schoss ab in den Flur. Mittlerweile war Bobby zurück ins Haus geschlichen und lauerte dem Vogel auf. Dieser flog, jetzt wieder munter, bis ganz nach oben unters Dach. Bobby hechtete hinterher, die Stufen hoch. Leider war oben das Dachfenster geschlossen, so dass der Vogel nicht hinauskam und sich auf den kleinen Fenstersims niederließ. Bobby sprang vis a vis auf das Treppengeländer und fixierte ihn unablässig. Da ich nicht so schnell hinterher kam, rief ich Bobby zu, er möge vom Geländer gehen. Ich stürzte die Treppe hoch und wollte mein Katerchen herunterholen. In dem Moment drückte er sich ab und sprang dem Vogel entgegen. Natürlich konnte er nicht auf dem winzigen Vorsprung Halt finden und fiel einige Meter hinab auf die Treppenstufen. Bewegungslos blieb er liegen und ich schrie. Ich sauste zu ihm hinunter. Er war bei Bewusstsein und rappelte sich gerade wieder auf. Anfassen lassen wollte er sich nicht. Mühsam schleppte er sich in den Waschraum und versteckte sich hinter der Waschmaschine. Das war sein Platz, wenn er absoluten Schutz und Ruhe suchte. Kein gutes Zureden, keine Lockungen halfen. Bobby verbrachte dort Stunden. Immer wieder gingen wir zu ihm hin und redeten ihn an. Er war wach, atmete auch ruhig und schlief später ein. Abends stand er plötzlich im Wohnzimmer und war vom Wesen wie vorher. Er aß und trank und spielte wieder, hinkte aber leicht. Katzen regenerieren sich wohl von ganz allein, denn einige Tage später konnte der Tierarzt keine inneren oder äußeren Verletzungen feststellen. Gott sei Dank! War das ein Schreck!

Aber, heißt es nicht immer Katzen würden angeblich auf ihren vier Pfoten landen, wenn sie aus angemessener Höhe herunterfallen würden!? Dann war es wohl noch nicht hoch genug. Natürlich ist ein Kratzbaum nicht hoch genug, aber bei vier Metern müsste sich doch eine Katze fangen, oder nicht? Also stimmt es nicht ganz, dass Katzen immer sicher landen. Es hat alles mit einem bestimmten Abstand zu tun.

Außer Stürzen gibt es noch vielfältige Verletzungen, die sich Tiere - und hier explizit - Katzen zufügen können:

- Viel wird ja über Halsbänder für Katzen diskutiert. Es gibt für alles ein pro und contra. Anfänglich hatten unsere beiden Katzen auch ein Halsband um, resultierend aus der schlecht ausgegangenen Geschichte mit unserem ersten Felltiger. Einmal kam unser Kater von einem Ausflug nach Hause und ein Zweig steckte zwischen Band und Fell. Wir waren sehr erschrocken. Was wäre gewesen, wenn der Ast nicht abgebrochen wäre? Daran mögen wir gar nicht denken. Kurze Zeit später kam Minka ohne ihr Halsband wieder. Entweder war es abgerissen, oder sie konnte sich irgendwie daraus befreien, als sie damit festsaß. Da stand für uns fest, ihnen die Halsbänder nie mehr umzutun. Ich möchte nicht, dass meine Katzen sich damit strangulieren, was bei anderen durch das Tragen schon oft genug vorgekommen ist.

Jeder muss selber abwägen, ob er seiner Katze ein Halsband umhängt. Dieses dient doch nur als Zeichen der Zugehörigkeit, der Wiederauffindung, was aber auch durch die Tätowierung des Ohres oder neuerdings durch das Implantieren eines Chips unter die Haut erreicht werden kann. Diese Maßnahmen sind zwar für den Halter teurer und für das Tier stressiger aber im Endeffekt sicherer.

- Wer sein Haus verlässt sollte immer darauf achten, dass seine Fenster und Türen nicht gekippt sind. Auch das bravste Haustier schnuppert mal gerne frische Luft und versucht durch den Spalt nach draußen zu gelangen, was ihm dann zum Verhängnis werden kann. Das arme Tier rutscht den Spalt hinunter und wenn es Glück hat, quetscht es sich nur einige Organe, über das andere brauchen wir wohl nicht zu sprechen. Welch eine elende Quälerei für das Tier.

- Wie schon angesprochen landen Katzen nicht unbedingt immer sicher auf ihren vier Pfoten. Wer einen Balkon hat, sollte deshalb zur Sicherheit ein Netz von oben bis unten und auch über die Seiten zu spannen. So fest und so kleinmaschig, dass sich ihr Liebling nicht durchmogeln kann, aber er kann wenigstens frische Luft schnappen. Die Natur genießen, andere Eindrücke erhalten, wirken sich positiv auf die Katzen aus. Sie lieben es, von einem Stuhl oder Tisch über die Balkonbrüstung zu schauen und sind sicher froh, mehr als nur die Wohnung zu sehen. Wie in dem Fall von Bobby beschrieben, achten und erkennen Katzen keine Gefahr, sondern fixieren sich auf die Beute, springen ihnen nach oder entgegen und fallen dann vom Balkon auf die Straße. Da sind alle Verletzungen möglich.

- Bisswunden von Artgenossen beim Kämpfen sind keine Seltenheit. Die Stelle schwillt an, kann sich entzünden, Fieber tritt auf. Eine Tetanusimpfung ist daher für freilaufende Katzen überaus wichtig.

- Schnittwunden, Dornen, eingetretene scharfe Gegenstände in den empfindlichen Samtpfötchen.

- Prellungen, Stauchungen, Blutergüsse, Brüche durch Stürze

- Verschiedene innere und äußere Verletzungen durch Unfälle und Stürze

Meine Devise lautet, lieber einmal mehr zum Tierarzt, als zu wenig. Es gibt z.B. innerliche Verletzungen, die nicht sofort erkennbar sind oder deren Auswirkungen nicht sofort auftreten.

Überlegungen zur Anschaffung eines Haustieres

Als wir die Katzen anschafften, waren wir uns schon bewusst, dass wir sie bis zu zwei Jahrzehnten haben könnten. Wenn man sich für ein Tier entscheidet, muss vorher darüber nachgedacht werden, was eventuell alles damit verbunden ist und sein kann.

Angefangen schon mit dem Alter der Kinder. Ab wann können Kinder adäquat mit Tieren umgehen? Bedeutet: sie nicht zu quälen, ihnen nicht mutwillig weh zu tun. Natürlich sollen Kinder den Umgang mit Tieren lernen, aber bitte dann nicht nur „ das sind Tiere zum schmusen" und „die Tiere müssen das schon aushalten", sondern den achtsamen, respektvollen Umgang. Ihnen muss bewusst werden, dass auch Tiere Schmerz empfinden, auch wenn sie nichts sagen oder weglaufen können. Es geht um das richtige Tragen des Tieres, regelmäßige Fütterung, Stall saubermachen, Auslauf bieten, Zuwendung, aber auch das Sich zurückziehen zu akzeptieren. Egal ob Hamster, Chinchilla, Ratte oder Hund, jedes Tier hat seine Eigenart, die angenommen werden muss.

Ist das Tier für das Kind gedacht, erfolgt auch die Überlegung wie lange die Art lebt und ob das Kind sich wirklich in der Pubertät oder später noch um sein Haustier kümmern wird. Sind dann die Eltern bereit die Aufgaben zu übernehmen? Wir selber haben die Erfahrung mit unserer Tochter und ihrem Kaninchen gemacht, obwohl sie schon zehn Jahre alt war, als sie

Blacky bekam. Kinder und ihre Interessen entwickeln sich weiter. Das Haustier und dessen Hege und Pflege bleibt konsequent bestehen, und wird eher bei Krankheit und Alter intensiver.

Ja, auch mit Krankheiten muss gerechnet werden. Welchen Betrag ist man bereit für seinen Schmusetiger auszugeben? Impfungen, Spritzen, Zahnreinigung, Flohpulver, Fellpflege und Schnitt (Hundefrisör) und und und gehören zur Gesunderhaltung dazu. Vielleicht ist ein Flügel gebrochen, eine Kralle verletzt, eine Scherbe eingetreten, Magen- und Darmprobleme, einen größeren Gegenstand verschluckt, giftige Substanzen zu sich genommen. Werden die teilweisen kostspieligen Gänge zum Arzt einkalkuliert? Was ist mit eventuellen Operationen? Gerade ältere Tiere bekommen sehr oft Krebs, organische Erkrankungen oder chronische Krankheiten. Gibt es eine finanzielle Grenze „bis hierher und nicht weiter"? Wie viel ist der Hausgenosse, das Kuscheltier, das Tier das einem treusorgend zur Seite steht Wert? Sind es nur finanzielle Gründe oder zählt auch die bedingungslose Liebe, das Zutrauen, das Nicht allein sein? Besonders für ältere, kranke, alleinstehende Menschen sind die Tiere, meist Katzen, Vögel oder Hunde ein Trost für die Seele, Unterhalter, Weggefährten für lange einsame Stunden. Tiere spüren dass sie gebraucht werden und widmen sich gerade diesen Personen sehr liebevoll und intensiv. Katzen und Hunde haben ein besonderes Gespür für Hilflosig- und Einsamkeit.
In der Behindertenbetreuung werden deshalb gerade Hunde speziell für Aufgaben ausgesucht und ausge-

bildet, wie für Blinde oder Querschnittgelähmte. Und die Delphintherapie hat schon vielen physisch wie auch psychisch Kranken geholfen.

Wer fährt nicht gerne in den Urlaub, macht spontan Wochenendausflüge oder mal eben eine Übernachtung bei Bekannten? Was wird dann aus den Tieren? Ist für sie in der Zeit gesorgt? Spontane Ausflüge, Reisen müssen schon bedacht sein. Es geht darum seine Lieblinge gut versorgt zu wissen. Ein Hund darf eventuell noch mitgenommen werden, aber Katzen, Vögel, Kaninchen? Käfige und Ställe für die kleineren Tiere können meist für kurze Zeit bei Freunden oder Bekannten untergebracht werden, wenn deren Wohl gewährleistet ist. Aber Katzen lieben es nicht aus ihrer gewohnten Umgebung gerissen zu werden. Dafür müsste jemand nach Hause kommen, um sie in den eigenen vier Wänden zu versorgen. Mittlerweile gibt es auch schon catsitter, die unsere Lieblinge für einen Obolus bei sich zu Hause betreuen. Katzenpensionen wären eine Alternative, wenn sich keiner bereit erklärt oder kann die Katzen im häuslichen Bereich zu versogen. Dort sind sie unter Artgenossen, werden mehr oder weniger gut gepflegt, aber es fehlt die gewohnte eigene Umgebung, der täglichen Ablauf, die gewohnten Gerüche. Müssen die geliebten Vierbeiner wegen Urlaub, Krankheit oder Kur außer Haus betreut werden, bitte schaut euch die Unterbringungsmöglichkeiten gut an. Es gibt wirklich sehr schlechte, aber auch sehr gute Pflegestellen. Klärt alles im Vorfeld ab, wie zum Beispiel welches Futter, Einzel- oder Mehrfachbelegung, Auslauf, Zuwendung.

Einmal wollten wir unser Kaninchen wegen Urlaub unterbringen. Was wir zu sehen bekamen und uns angeboten wurde, grenzte teilweise schon an Tierquälerei und nicht artgerechter Haltung. Natürlich fuhren wir nicht in den Urlaub. So etwas konnte ich meinem Kleinen nicht zumuten.

Deshalb sollte die Anschaffung von Tieren wohl überlegt sein. Nicht mal eben ein Geburtstags- oder Ostergeschenk fürs Kind, oder weil es unbedingt eins haben möchte. Verantwortungsvoll muss im Vorfeld darüber nachgedacht werden. Kleinsttiere wie Hamster, Mäuse und Ratten haben keine hohe Lebenserwartung. Aber die Anschaffung von Katzen oder Hunde bedeutet jahrelanges Zusammensein. Wird von einer normalen Lebensspanne ausgegangen, darf man sich über mindestens 10-20 Jahren mit seinem Liebling freuen. Exotische Tiere wie Schildkröten, Echsen oder Papageien können 30 und mehr Jahre alt werden. Die Tiere, die so lange mit dem Menschen leben, werden dann schon mehr als Familienmitglied angesehen, für viele auch fast wie ein Kind.

Die geliebten Zeitgenossen werden aber auch älter. Es können sich viele Krankheiten einstellen, oder sie sind einfach nicht mehr so belastbar wie in jüngeren Jahren. Das Toben lässt nach oder hört ganz auf. Die täglichen Spaziergänge werden immer länger, da viele Pausen eingelegt werden müssen. Auf das Sofa oder Bett geht es nur noch mit Hilfe. Das Fressen muss weicher werden, da auch Zähne ausfallen können. Ältere Tiere schlafen vermehrt, wollen immer öfter

Ruhe, nicht viel Lärm. Manche unserer Lieblinge erblinden, werden taub, bekommen Arthrose, chronische Krankheiten, Krebs. Nun müssen wir uns intensiv um sie kümmern. Ihnen das zurückgeben, was sie uns in all den Jahren an Liebe, Vertrauen, und bedingungslosem zu einem stehen gegeben haben.

Wer denkt schon bei der Anschaffung eines Tierwelpen an Alter und Tod!? Ja, das ist dann noch sehr weit hin, aber die Zeit rückt mit jedem vergehenden Tag unaufhörlich näher. Auch darüber muss sich einst Gedanken gemacht werden.

Katzenkrankheiten und alternative Methoden

Schlimm war es für mich, als bei Minka mit etwa zwei Jahren das Fell immer stärker ausfiel und sie fast kahl war. Sie fraß kaum noch, schaute mit trüben Augen, bis sie sich in ein Zimmer verzog und fast nur noch schlief. Sie mochte nicht mehr angefasst und gestreichelt werden. Die Ärztin diagnostizierte Hautkrebs und sagte, dass nichts dagegen unternommen werden könnte. Mit dieser Aussage wollten wir uns nicht abfinden. Durch Recherche im internet machte ich eine **Tierheilpraktikerin** in unserer Nähe ausfindig, die auch Hausbesuche anbot. Sie kam und schaute sich mein armes Kätzchen an. Sie untersuchte Minka, führte eine Anamnese durch und pendelte anschließend **Globulis** aus, die Minka zu der Situation passend brauchen würde. Außerdem wurde noch eine Spritze gesetzt. Einige Wochen musste sich mein Liebling der Spritzenkur unterziehen. Schon nach zwei Tagen verbesserte sich ihr Zustand rapide. Die Schläfrigkeit war wie weggeblasen. Sie stand auf, das Fressen schmeckte ihr wieder und sie kam und holte sich ihre Liebkosungen ab. Die Erholung schritt rasant von statten. Was blieb, war das wenige, struppige, stumpfe Fell. Sie sah aus wie eine räudige Katze. Das tat ihrem Wesen keinen Abbruch, aber der Anblick tat einfach weh.

Manchmal soll es wohl im Leben so sein, dass sich irgendwas zufällig zusammenfügt. Denn in diesem Zeitraum beschäftigte sich eine gute Bekannte von mir mit **Heilsteinen.** Bei Besuchen erzählte sie mir davon, wie sie ihr helfen würden, dass man sie tragen oder ins Wasser legen kann. Da ich zu der Zeit auch gesundheitlich angeschlagen war, wollte ich die „Heilkraft" der Steine erst mal an mir ausprobieren. Alternativen Methoden stehe ich sehr kritisch gegenüber. Kann man das überhaupt alternativ nennen? Ich kaufte einige Bücher über diese Thematik und las diesbezüglich viele Erlebnisberichte. Danach ging ich in ein Esoterikgeschäft, wo ich hervorragend beraten wurde. Ich entschied mich, meine persönlichen Steine am Körper zu tragen, um eine schnellere Wirkung zu erzielen. In Bezug auf die Krankheit, wofür ich die Steine kaufte, kann ich nur sagen, dass sich nach und nach eine Besserung einstellte, bis zu deren völligen Abklingen. Deshalb dachte ich, könnte die Methode vielleicht auch bei Minkas Fellverlust etwas ausrichten. Eigentlich muss jeder selber seinen oder seine Steine aussuchen. Genau wie Tiere uns aussuchen, wissen wir sofort, welche/n Stein/e wir nehmen und brauchen, wenn wir sie sehen. Wirklich, verlasst euch drauf! Mir ging es genauso, obwohl ich diese Alternativen eher als Humbug bezeichne. Da Minka ja nicht selber aussuchen konnte, wurde mir der Stein Aventurin empfohlen, und ich suchte intuitiv einen davon aus. Zur Verstärkung der Wirkung kaufte ich noch einen Bergkristall hinzu. Die beiden Steine legte ich von nun an in ihren Trinknapf. Man konnte richtig zusehen, wie sich das Fell positiv veränderte. Die kahlen Stellen waren schnell zugewachsen, und das Fell wieder dicht und schwarz. Es bekam einen schönen seidigen Glanz. Selbst im hohen Alter sah es hervorragend gesund aus. Alle, die Minka als armseliges Kätzchen mit spärlichem Fell kannten, dachten, dass wir eine neue Katze hätten.

Ich sage nie mehr etwas Negatives über Dinge oder belächele Methoden die ich nicht kenne. Als Mensch kann man ja einfach behaupten, dass es einem durch die Steine besser geht. Beweise gibt es dafür nicht. Aber Tiere ... Tiere können nicht lügen. Sie wissen nicht was sich im Wasser befindet. Jeder Außenstehende konnte an Minka die wundersame Wirkung sehen. Darum heißt für mich nun die Devise: wer oder was heilt hat recht! Ich verschließe mich nicht mehr, bin und bleibe offen für alles.

Wenn einer unserer Katzen Schmerzen hatte, oder sich nicht wohl fühlte, legte ich immer eine blaue Decke für sie hin, die sie dann auch gerne als Liegeplatz annahmen. Blau ist die Farbe, die Ruhe und Frieden ausstrahlt, Schmerzen und Unwohlsein lindern soll. Das habe ich aber erst viel später mal durch Zufall gelesen. Jetzt verstehe ich auch, warum ich instinktiv blaue Sachen anzog oder blauen Schmuck trug, wenn es mir nicht gut ging. Von daher lehne ich die **Farbenlehre** nicht ab. Heilpraktiker wenden diese als Farblichtbestrahlung an.

Minka ist noch zweimal in ihrem Leben erkrankt, ohne dass die Schulmedizin ihr helfen konnte. Die Heilpraktikerin mit ihren alternativen Methoden, dazu gehörend die **Bachblüten,** konnte aber helfen. Wir waren immer wieder überrascht, wie schnell sich Katzen erholen können. Leider trinkt unser Kater selten aus dem Wassernapf, sondern holt sich die Flüssigkeit aus unserem kleinen Teich. Deshalb wirkt bei ihm die Heilsteinmethode kaum. Als beide Katzen im Alter Arthrose in Hüft- und Sprunggelenk bekamen, legte ich Bernstein in das Trinkwasser. Dadurch linderten sich Minkas Beschwerden, bei Bobby aus oben genanntem Grund nicht wesentlich.

Ich möchte nicht damit sagen, dass die alternativen Methoden das non plus ultra sind. Natürlich ist der Tierarzt immer die erste Wahl. Aber wo auch ohne Chemie Schmerzen gelindert werden können und helfen, setze ich lieber die sanften Methoden ein.

Ernsthafte Erkrankungen zogen sich unsere Katzen nicht zu, obwohl wir sie nur sehr unregelmäßig impfen ließen. Trotzdem brachten wir sie wegen Durchfall, Schnupfen, tränenden Augen, Bisswunden oder anderen Wehwehchen immer zum Tierarzt. Ich hatte Angst um meine Lieblinge. Lieber fahr ich einmal zu viel, als einmal zu wenig mit ihnen dorthin. Vorwürfe wegen eventueller später nicht erkannten oder verschleppten Krankheiten wollte ich mir nicht machen. Natürlich wurden sie, als sie noch klein waren, sterilisiert und kastriert. Zahnsteinentfernung traf nur auf unser Katerchen zu.

Empfehlenswert für Freigänger ist es, die wichtigsten Impfungen durchführen zu lassen. Denn es gibt Katzenkrankheiten wie FIB, die tödlich enden.

Man unterscheidet zwischen:

Infektionskrankheiten:
Katzenseuche:
Sie ist die gefährlichste Krankheit für Katzen und oft tödlich verlaufend. Bedingt durch ein Virus wird das Immunsystem angegriffen und geschwächt. Die Heilungsaussicht ist abhängig vom Schweregrad der Erkrankung und dem Zeitpunkt, wann die Behandlung startet. Je früher, umso größer ist die Chance zu gesunden.

Katzenschnupfen:
Sie ist eine ansteckende Krankheit, die unter Umständen auch tödlich enden kann. Hier greifen Viren wie Bakterien das Immunsystem an. Augen, Nase und Mundschleimhaut werden davon befallen.

FIP:
Auch sie ist eine ansteckende Viruserkrankung, die aber leider immer tödlich endet. Zwischen Ansteckung und Krankheitsausbruch können Monate aber auch Jahre vergehen. Tierärzte raten dann den Katzenbesitzern ihr Tier einschläfern zu lassen, da der Krankheitsprozess für sie eine Qual bedeutet.

Andere Krankheiten:
Diabetes, Epilepsie, Schlaganfall, Parasiten, Hauterkrankungen, Herz- und Atemwegserkrankungen, Erkrankungen der Verdauungsorgane, Erkrankungen des Bewegungsapparates

Allgemeinen Krankheiten:
Insektenstiche, Verbrennungen, Vergiftungen, Verletzungen durch Sturz und Unfall.

Zeckenschutzmittel wäre schon angebracht. Wer mag schon die kleinen Krabbelviecher in seinem Bett? Und Flohbisse jucken auch ganz schön, die Jagd darauf kann sich endlos hinziehen.

Arztbesuche und Medikamenteneinnahme

Nach der Sterilisation und Kastration durften unsere Katzen sich nicht an der Wunde lecken und bekamen deshalb eine **Halskrause** umgebunden, die sie ungefähr vierzehn Tage tragen sollten. So eine Plastiktülle, die wie ein Megaphon oder Lampenschirm aussieht. Die armen Katzen stießen damit überall an, konnten den Umfang des „Kragens" nicht richtig einschätzen, und kamen somit nicht in ihre Lieblingsecken. Ans Schlafen war gar nicht zu denken. Hinlegen gestaltete sich als sehr schwierig, sie mussten merkwürdige Positionen ausprobieren, um sich einigermaßen ausruhen zu können. Kläglich schauten sie mich an und maunzten herzzerreißend. Ich brachte es nicht übers Herz den Kragen umzulassen. Bobby machte ich die Plastiktülle ab und beobachtete ihn. Er leckte sich zwar kurz an der Wunde, aber nicht oft. So groß waren die Schnitte ja nicht und heilten auch schnell zu. Minka wickelte ich erst einen Verband um den Bauch, um den Heilungsprozess durch das Lecken nicht negativ zu beeinflussen. Wie glücklich war sie, dieses störende Etwas los zu sein. Sicher versuchte sie sich sofort an der Wundstelle zu lecken, was ihr aber nicht gelang. Sie nahm es in ihrer bekannten Gelassenheit hin. Es war interessant zu sehen, wie schnell die rasierte Bauchunterseite wieder mit Fell zuwuchs. Als die Narbe schon besser aussah, nahm ich nach ein paar Tagen auch die Mullbinde ab. Minka leckte sich zwar an der Wunde, aber da diese schon gut verheilt war und

wohl nicht mehr schmerzte, bezog sie diese Stelle praktisch nur in ihr normales Putzritual ein.
Noch öfter sollten meine Katzen wegen Kleinigkeiten diese Krägen tragen. Vielleicht müssen sich die Ärzte damit absichern, ich weiß es nicht. Ich handle aber nach Bauchgefühl und nach dem Wohl meiner Katzen und da waren meine Entscheidungen bis jetzt immer richtig gewesen. Jeder muss für sich überlegen und dementsprechend handeln.

Ein **Arztbesuch** kann auch zum Erlebnis werden! Minka empörte sich auf der Fahrt die ganze Zeit und maunzte nur rum. Wenn sie besonders gut drauf war, machte sie auch mal ein Geschäft ins Körbchen. Beim Arzt angekommen, verhielt sie sich im Warteraum vorbildlich und beobachtete die anderen Tiere. Aber im Arztzimmer verweigerte sie sich der Ärztin zu zeigen und musste entweder aus dem Körbchen geholt werden oder der Korb wurde schräg gehalten uns sie rutschte somit heraus. Dann aber, als sie merkte, dass sie sich nicht mehr verweigern konnte, ließ sie alles ergeben über sich ergehen. Das war aber wohl nur eine Taktik von ihr, sich devot zu verhalten, denn zwischendurch versuchte sie nämlich schnell wieder in ihren Korb zu flüchten, was ihr auch öfter gelang. Nur, dann hätten wir sie nur noch mit Gewalt herauszerren müssen und das tat ihr die Ärztin nicht an, Gott sei Dank! Aber der Rückweg, au weia, da ging ihre Schimpftirade erst richtig los. Zu Hause angekommen, stolzierte sie zu ihrem Lieblingsplatz und war erst einmal nicht mehr gesehen.

Bobby hingegen, dieses Großmaul, kuschte schon auf dem Weg zum Arzt. Im Wartezimmer machte er sich in seinem Körbchen ganz klein, dass ihn bloß keiner sah. Die Tierärztin untersuchte dann auch den liebsten und zahmsten Kater der Welt. Die Rückreise verlief für alle Beteiligte entspannt. Aber in seinem gewohnten Reich wieder angekommen, raste er sofort hinter die Waschmaschine, sein Sicherheitsort, wo ihn keiner mehr herausbekam. Nach Stunden tauchte er dann erst wieder auf.

Ich hätte mich wohl mal eher kundig machen sollen, wie man Fahrten für Katzen entspannter gestalten kann. Es gibt ein Pheromonspray, womit der Katzenkorb und auch der Innenraum des Autos kurz vor der Fahrt eingesprüht werden. Es wirkt beruhigend auf das Tier. Auch bestimmte Globulis und Bachblüten können sich auf die Stimmung und das Verhalten positiv auswirken.
Durch ein Tiertraining mit Klickern werden Katzen auf ihren Korb und ruhiges Reisen trainiert.
Somit gibt es für unruhige, ängstliche, angespannte Katzen doch Möglichkeiten, Autofahrten und Arztbesuche angenehmer zu erleben.

Warum haben wir nicht relaxte Katzen, einsichtig, dass der Arzt nur das Beste für sie möchte, dankbar die Hilfe annehmen und sich bei ihren Menschen dafür mit Liebkosungen und schmusen bedanken? Aber nein, Katzen reagieren eben wie sie wollen und nicht wie wir es erwarten. Wieder eine Lektion für den Menschen!

Versuchen Sie mal Katzen **Medikamente** zu verabreichen. Da muss man teilweise tief in die Trickkiste greifen. Sicher, einige sind willig, öffnen freiwillig ihr Mäulchen und lassen sich die Medizin per Spritze,- natürlich ohne Nadel-, ins Schnäuzchen tropfen. Aber viele Medikamente haben einen Eigengeruch, den Katzen nicht zu ihren Lieblingsgerüchen zählen. Manchmal kann die Medizin im Trinkwasser untergebracht werden, ab und an auch mal im Lieblingsfressen eingebettet. Aber Katzen haben einen untrüglichen Instinkt und merken, dass irgendetwas nicht stimmt. Wieso stehen Frauchen oder Herrchen die ganze Zeit neben mir? Achtung, aufgepasst, ich soll reingelegt werden! Flüssige Medikamente können auch auf das Pfötchen getröpfelt werden. Automatisch lecken dann unsere Fellnasen die Stelle sauber.

Tabletten werden zermörsert und genau wie die flüssige Form versucht in verschiedenen Varianten anzubieten:

Medizin im Fressen ------------------- war wohl nichts

Medizin in Lieblingsspeisen ----------- brachte wenig

Medizin in etwas Öl, weil gesund ----- igitt

Medizin in Milchwasser --------------- ab und an

Minka roch sogar Globulis und Bachblüten heraus, obwohl ich sie in ihr Lieblingsfressen eingebettet hatte. Sie fraß ihre heißgeliebte Leberwurst oder Käse

und spuckte die darin enthaltenen Globulis wieder aus.
Sie konnte man nur einmal mit etwas überlisten, dann musste ein anderer Versuch gestartet werden. Da Bobby außer dem Nass- und Trockenfutter nur rohes Fleisch und Wurst fraß, war es noch schwerer, ihm Medikamente zu verabreichen.

Wir konnten es einfach nicht übers Herz bringen, unsere Katzen festzuhalten, deren Mäulchen zu öffnen und etwas reinzuspritzen. Das sehe ich persönlich als Vergewaltigung an. Welcher Mensch möchte das gegen seinen Willen mit sich machen lassen? Kann man das überhaupt miteinander vergleichen? Manche sagen, dass Tier muss zu seinem „Glück" gezwungen werden, schließlich geht es ja um dessen Gesundheit, besonders auch bei chronischen Erkrankungen. Trotzdem konnten wir das nicht. Dann sollte lieber der Arzt kommen. Ja, die Ärztin besuchte uns sehr oft, unter anderen um unseren Katzen den Fahrstress zu ersparen. Hat aber auch damit zu tun, dass ich zu feige war, die Katzen zu fangen, in den Korb zu verfrachten und ab zum Arzt. Ich wollte nicht die „Böse" sein.
Außerdem entspannt die gewohnte Umgebung die Katzen. Es kommen keine fremden Gerüche und Geräusche auf sie zu. Kurz eine Untersuchung, eventuell ein Pieks und ab zu den bekannten Rückzugsmöglichkeiten. Yeah, so gehe ich Unannehmlichkeiten und Stress mit meinen Katzen aus dem Weg.

Ich kann meine Tiere einfach nicht leiden sehen, das bricht mir das Herz! Aber ich helfe ihnen so gut wie ich kann, eben nur auf meine Art und Weise.

Katzenalter in Menschenjahre

Generell kann niemand sagen, wie man das Alter der Katzen in Menschenjahre umrechnet. Es gibt zwar genügend Tabellen, diese stellen aber nur einen Richtwert dar.

Das Alter der Katze ist in erster Linie abhängig von deren Erbanlagen, aber auch adäquate Fütterung, eine gute Haltung – ob es sich um eine Hauskatze oder um einen Freigänger handelt -, sowie ausreichende tierärztlichen Versorgung verlängern ihr Leben. So können sich also gute Lebensumstände positiv auswirken.

Freilaufende Katzen werden im Schnitt acht Jahre alt. Das Durchschnittsalter einer Hauskatze liegt bei 12-16 Jahre, aber zwanzig Jahre und mehr sind keine Seltenheit.
Ab 10-12 Jahre gelten sie als alt.

Katzenjahre	Menschenjahre
6 Monate	9 Jahre
1 Jahr	15 Jahre
2 Jahre	24 Jahre
3 Jahre	28 Jahre
4 Jahre	32 Jahre
5 Jahre	38 Jahre
6 Jahre	40 Jahre
7 Jahre	44 Jahre

8 Jahre	----------------	48 Jahre
9 Jahre	----------------	51 Jahre
10 Jahre	----------------	56 Jahre
11 Jahre	----------------	61 Jahre
12 Jahre	----------------	64 Jahre
13 Jahre	----------------	68 Jahre
14 Jahre	----------------	72 Jahre
15 Jahre	----------------	76 Jahre
16 Jahre	----------------	80 Jahre
17 Jahre	----------------	84 Jahre
18 Jahre	----------------	88 Jahre
19 Jahre	----------------	92 Jahre
20 Jahre	----------------	96 Jahre

Abschied und Trauerverarbeitung

Wie ich schon andeutete ist Minka das Beste, was mir je im Leben begegnet ist. Leider musste sie mit gerade sechzehn Jahren wegen einer Tumorerkrankung von mir gehen. Wie hatte sie gekämpft, sich mir zu Liebe noch mal aufgerappelt, um dann doch die irdische Welt verlassen zu müssen. Ich durfte in den letzten Stunden bei ihr sein. Sie suchte meine Nähe, genoss es und beruhigte sie wohl, dass ich sie die ganze Zeit streichelte und mit ihr redete. Die letzten Minuten waren für mich sehr schlimm, denn sie musste den natürlichen Sterbeprozess durchmachen. Grauenhaft! Ich war in keiner Weise darauf vorbereitet gewesen. Von der Ärztin hieß es, sie würde ruhig einschlafen. Aber nicht meine Minka! Bis zum Schluss bäumte sie sich gegen das Unvermeidliche auf. Sie wollte nicht gehen, sie wollte noch bleiben! Ihr Wille war so stark, aber der Körper entschied anders!

Diese außergewöhnliche Katze werde ich nie vergessen. Abschied tut weh! Ihre Urne steht bei uns im Wohnzimmer. Vom Foto aus überblickt sie den ganzen Raum. Sie ist zu jeder Sekunde bei uns und erinnert uns daran, zu kämpfen. Ihr Lebensweg zeichnet uns auf, nicht aufzugeben, zu widerstehen, Liebe zu geben, zu verzeihen und andern Gutes zu tun, aber sich selber dabei nicht zu verlieren.

Danke, Minka, dass du bei mir warst!
Danke, dass du dein Leben mit mir geteilt hast!

Ich danke dir für alles!
So lange ich lebe wirst du immer bei mir sein!

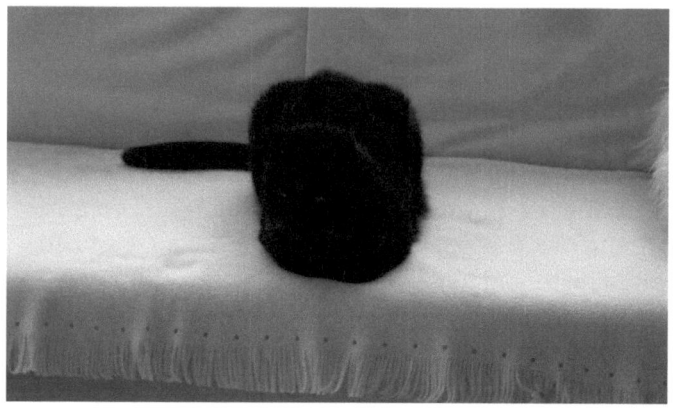

Wenn man sich für ein Tier entscheidet, denkt man natürlich nicht, dass auch dieses eines Tages von uns gehen muss. Manches früher, manches später. Es ist hart der Realität auf Grund von Krankheit oder Alter ins Auge zu blicken. Durch den malignen Tumor wussten wir, dass uns nicht mehr viel Zeit vergönnt sein würde und bereiteten uns schon darauf vor.
Wir setzten uns bewusst mit dem Thema der Bestattung auseinander. Es gibt Feuerbestattung, die normale Bestattung auf einem Tierfriedhof, das Entsorgen beim Tierarzt, oder vergraben im eigenen Garten. Jeder muss sich selber entscheiden, was er für sinnvoll hält oder für ihn machbar erscheint. Eine Bestat-

tung im eigenen Garten kann man ja gut finden, wenn aber keiner vorhanden ist, ist der Gedanke unsinnig.

Im unendlichen Universum des internets gibt es Anbieter, die aus dem Fell deines Lieblings Pullover stricken, Armbänder flechten, oder in bestimmte Steine etwas Asche mit einbringen. Wer besonders viel Geld anlegen möchte, kann sogar aus der Asche einen Brillianten anfertigen lassen. Eine andere Variante sich nach dem Tod am Antlitz seines Lieblings zu erfreuen, wäre das Präparieren, und dein Vierbeiner steht oder liegt für immer bei dir.

Wichtig ist es, die Trauer zuzulassen, schließlich sind unsere Haustiere mittlerweile Freunde, Weggefährten, Kindersatz, Tröster, für manche auch Partner und einziger Lebensinhalt. Sie begleiten uns teilweise bis zu zwanzig Jahren und das ist ein großer Teil unseres Lebens. Da kann man nicht mal eben wieder zur Tagesordnung übergehen. Es fehlt etwas, eine Lücke bleibt, bestimmte Gewohnheiten und Rituale sind plötzlich nicht mehr gegeben. Vielleicht habt ihr noch andere Tiere, die euch ablenken, aber das verstorbene Tier kann niemand ersetzen.

Trauert, schließlich ist ein wichtiger Teil im Leben unwiderruflich vorbei. Bei dem einen wird die Trauer länger dauern, beim anderen etwas kürzer. Deshalb ist man aber kein schlechterer oder besserer Mensch. Trauerverarbeitung findet unterschiedlich statt. Unser Liebling wird sowieso immer einen Platz in unserem Herzen haben.

Ob ihr euch ein neues Tier anschafft, liegt in eurem Ermessen. Es ist nie ein Ersatz, als solches wird es auch nicht angesehen. Aber viele brauchen etwas zum vertüddeln, kuscheln, sprechen, nicht alleine sein. Bitte, dann legt euch ein anderes Tier zu. Es gibt genügend Tiere, die eure Liebe, Vertrauen, Sicherheit brauchen und auch nicht gerne alleine sind.

Ich bedanke mich jetzt schon im Namen aller Tiere für deren künftige Aufnahme.

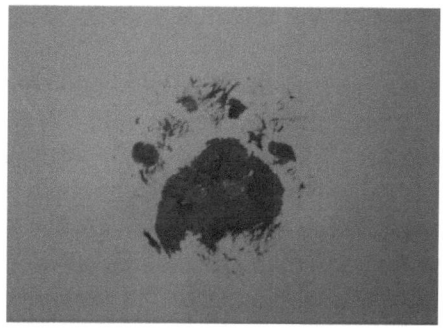

Der Wunsch aller Tiere

Mein Tierleben dauert einige Jahre, mal ist es kürzer mal länger. Trennung von dir bedeutet für mich großes Leid. Bedenke das bitte, ehe du mich zu dir nimmst!

Lass uns beiden Zeit, uns kennen zu lernen und uns zu verstehen, werde nicht ungeduldig, wenn du etwas von mir verlangst, was ich noch nicht kenne oder weiß! Habe Vertrauen zu mir, weil ich auch dir vertraue. Du bist alles was ich habe, für dich würde ich mein Leben geben! Sei nicht böse, wenn ich einen Fehler oder Unsinn mache! Sperr mich niemals zur Strafe ein!

Sprich mit mir! Ich habe nur dich. Ich kann zwar deine Worte und ihren Sinn nicht verstehen, aber ich kenne deine Stimme, auch wenn du mir nur ganz leise etwas ins Ohr flüsterst. Schreie niemals mit mir! Ich vergesse nie, wenn du mich schlecht behandelst! Trotzdem halte ich zu dir. Ich stehe zu dir in guten und in schlechten Tagen, denn du bist mein Freund.

Schlage mich nicht! Denn, wenn ich ein Hund wäre, könnte ich dich beißen. Wäre ich eine Katze, könnte ich dich fürchterlich kratzen.

Und wenn ich ein Pferd wäre, könnte ich dich mit meinen Hufen treten. Das alles tue ich aber nicht, weil ich dich liebe!

Schimpf nicht mit mir! Sage nicht, ich sei bockig, faul oder falsch. Denke in solchen Fällen vielmehr darüber nach, ob ich das richtige Futter habe, ob ich durstig bin, ob ich vielleicht krank bin. Oder ob ich bereits alt bin und mein Herz nicht schon verbraucht ist. Es gibt viele Gründe, vergiss das nicht!

Wenn ich alt bin, kümmere dich besonders um mich! Auch du wirst einmal alt und brauchst dann vielleicht Hilfe. Gehe jeden Gang mit mir, besonders den letzten! Sage dann nicht:" Ich kann nicht".

Ich liebe dich bis zu meinem letzten Atemzug, bis meine Augen sich schließen. Ich gehe getröstet von dieser Welt, wenn ich deine Hand in meiner letzten Stunde spüre und sie mich zärtlich streichelt, und wenn ich deine leise Stimme höre, die sanft mit mir spricht.
Nur dann fällt mir der Abschied von dir leichter!

(Brigitte Müller)

Frenzy

Also wirklich, so geht das nicht! Es müssen immer beide Seiten gehört werden, um sich ein Urteil bilden zu können. Ich werde hier niedergemacht obwohl ich doch gar nichts dafür kann. Das finde ich unfair.

Wollte ich denn vom Bauernhof und meiner Familie weg? Mich hat doch keiner gefragt! Schwupps, schnappte mich eines Tages der Bauer und weg kam ich in eine andere, mir fremde Umgebung. Aber bevor ich mich weiter aufrege, schön der Reihe nach.

Wie schon bekannt bin ich auf einem Bauernhof geboren. Ich habe noch einige Geschwister. Meine Mutter hatte sich bei unserer Geburt in eine abgeschiedene Ecke versteckt, um uns in Ruhe zur Welt zu bringen. Es war eine harte Zeit für Mutter. Einerseits musste sie in der Ecke bei uns bleiben, uns wärmen und ernähren. Andererseits musste sie auf Futtersuche gehen, denn geschenkt wurde ihr nichts. So einfach wie ihr es euch vorstellt ist es nicht für Katzen. Jeder kämpft für sich, jeder kämpft ums Fressen und somit ums Überleben. Meine Geschwister und ich lernten schnell alleine zu bleiben und uns mucksmäuschenstill zu verhalten. Zu viele Tiere gab es auf und außerhalb des Hofes, die uns nicht freundlich gesonnen waren. Ängstlich drückten wir uns hilflos aneinander, und hofften dass unsere Mutter so schnell wie möglich zu uns zurückkehrte. Erst dann fühlten wir uns ganz sicher. Mit ihr kam unsere Nahrungsquelle wieder,- die leckere Milch. Manchmal kämpfte ich mit meinen Geschwistern um einen guten Platz an den Zitzen. Saugend, die warme Milch genießend, schliefen wir meist daran ein.

Je älter wir wurden, umso länger ließ Mutter uns unbeaufsichtigt. Mit der Zeit erkundeten wir alleine unsere nähere Umgebung. Wir wurden zur Selbständigkeit erzogen. Wir mussten lernen, längere Zeit ohne sie klar zu kommen. Unser sicherer Unterschlupf befand sich in einem alten Holzstoss. Hier kam kaum ein Mensch hin, und auch die anderen Tiere, besonders die Katzen, verirrten sich nicht hierhin. Dieser Holzhaufen war umrankt von Gebüschen und deshalb sehr gut versteckt. Ja, unsere Mutter war schon schlau. So fand uns auch keiner der Füchse, die wir abends öfter in der Nähe herum schleichen hörten und rochen. So war unser Vorteil, dass wir kleinen Katzenkinder gut geschützt, unsere Umgebung auskundschaften konnten. Mutter brachte uns jetzt nur noch ein paar Leckerbissen mit. Sie hoffte wohl, dass wir auf unseren Erkundigungstouren selbst Nahrung suchten, da wir für ausschließlich Milch zu alt waren. Neugier, Alter und Hunger ließen unseren Radius immer größer werden. Jeder von uns suchte sich seinen Weg, ging für sich. Wenn man wusste wo, gab es genug zu fressen für jeden von uns, aber trotzdem machten mir einige Katzen das Fressen streitig. Ein Revier für jeden von uns gab es nicht, da wir so viele waren. Schon früh musste ich lernen mich durchzusetzen, zu kämpfen, an mich zu denken. Der Stärkere und Klügere siegte. Der Kampf ums Fressen und Überleben begann. Es war gut, dass Mutter uns früh genug abgenabelt und zur Selbständigkeit erzogen hatte. Ich begann meine Lektion zu verinnerlichen. Herrlich war es, frei in der Gegend herumzusausen. Keine Beschränkung, Fressen wo man wollte, Wasser gab es in Hülle und Fülle am Bach und in verschiedenen Trögen. Faul lag ich in der Sonne, wobei sie mein Fell wärmte, oder tobte mit meinen Geschwistern oder anderen Katzen herum. Nachts schlief ich wo es mir gerade angenehm erschien. Freiheit pur!

Als ich mal wieder durch die Gegend sauste und einem Schmetterling nachjagte, wurde ich von einer großen Hand im Genick gepackt und ich befand mich auf dem Arm des Bauern wieder. Komisch, er hatte mich oder meine Kameraden sonst nie auf den Arm genommen. Ich war zu geschockt, um zu reagiere, was sowieso nicht ging, denn er hielt mich sehr fest. Weiter ging es vom Arm des Bauern in den Arm einer Frau, die nett aussah, aber was wollte man von mir? Ein fremder Mann stand in der Nähe. Die beiden sprachen kurz mit dem Bauern und dann bestiegen sie mit mir ein Auto. Ich war wie erstarrt und wusste nicht, wie mir geschah, so dass ich auf dem Schoß der Frau liegen blieb und das Streicheln über mich ergehen ließ. Nach längerer Fahrt hielt das Auto, das Ende der Reise war wohl gekommen. In einem flauschigem Etwas,- Decke genannt-, trug mich die Frau in ein Haus. Ach, war das klein im Gegensatz zu meinem Heim. Zwei Kinder kamen mir entgegen, strahlten übers ganze Gesicht und laberten mich an. Wo war ich nur hingekommen? Warum musste ich von meinem Zuhause fort? Weil es dort zu viele Katzen gab und nicht genügend Fressen für alle? Waren deshalb vorher schon mal einige Kameraden nicht mehr wiedergekommen?

Also, hier war ich nun und musste das Beste daraus machen. Meine Mutter und meine Umgebung hatten mich das Überleben, Kämpfen und nicht Aufgeben gelehrt. Das musste ich hier wohl zeigen. Die fremden Menschen setzten mich in einen Raum. Ich schaute mich um. Groß war er bestimmt nicht, nein für mein Weitenverständnis eng wie ein Karton. Ein Napf mit Wasser, einer mit trockenen Bällchen und einer mit feuchtem Etwas standen in einer Ecke. Weit weg in einer anderen Ecke stand ein Behältnis mit weißen Steinchen. Kann man die fressen? Die Kinder und die Frau saßen auch mit im Raum. So viele Menschen war ich gar nicht gewohnt und dann rücken die mir noch so nah auf die Pelle! Ich entspannte mich, als ich bemerkte, dass nichts weiter geschah. Die Aufregung war mir auf die Blase geschlagen. Ich hockte mich wie gewohnt hin, und wollte Pippi machen. Da wurde ich geschnappt und auf die weißen Steine gesetzt. Mein Bächlein ergoss sich darauf und die Menschen klatschten und freuten sich. Aha, da sollte ich also reinmachen und nicht auf das Weiche, was auf dem Boden lag. Ich hatte verstanden. Der Raum wurde weiter erkundet. Da lagen ein Körbchen und die flauschige Decke und bunte Sachen. Die Kinder spielten damit und warfen mir einiges davon zu. Ist das zum Fressen? Nein, das nicht, aber einige gaben Geräusche wie Mäuse von sich, die ich gefangen hatte. Für heute war es wirklich genug. Die ganzen Eindrücke musste ich erst mal verarbeiten. So legte ich mich auf die kuschelige Decke und schlief ein.

Als ich wach wurde, schaute ich mich verwirrt um. Wo war ich? Ach, ja, ich erinnerte mich wieder. Jetzt war meine Jagdzeit, es war Nacht, wie kam ich hier heraus, um zu jagen? Es ging nicht. Zwar war es dunkel aber Fenster und Tür geschlossen. Ich schlich zum Futternapf. Hm, das war aber lecker, so was hatte ich noch nie gefressen. Da ich nichts ausrichten konnte, legte ich mich erst mal wieder hin und schlief weiter.

Beim nächsten Erwachen war es hell und die Menschen wieder da. Ich musste mal, schaute mich um, und ging freiwillig zu den weißen Steinen. Wieder Begeisterungsstürme! Langsam fand ich es langweilig hier. Es ist doch nichts los. Irgendwie schienen die Drei das zu verstehen und öffneten die Tür. Nee, nee, ich habe gelernt vorsichtig zu sein. Also schön langsam mit den jungen Pferden. Behutsam pirschte ich mich an die offene Tür, blieb im Rahmen stehen und schaute mich erst mal draußen um. Ein weiterer Raum, aber nichts drin. Deshalb auch nicht gefährlich. Mutig schritt ich da rein. Eine weitere offene Tür. Schon mutiger geworden schaute ich auch dort hinein. Außer großen, komischen Geräten und Wäsche, nichts. Insgesamt erkundete ich drei neuer Räume. Damit verbrachte ich eine ganze Weile. Schließlich musste ich auch mein Revier markieren. Das gehörte schon mal mir, denn andere Markierungen nahm ich hier nicht wahr. Hier gab es keine anderen Katzen. Also alles meins! Wieder ging ein ereignisreicher Tag herum. Die ganze Zeit waren immer die Menschen in meiner Nähe. Ich bin vorsichtig, merke aber, dass ich hier keine Befürchtungen haben brauche. Den Menschen zu Liebe setzte ich mich jetzt zu meinen Geschäften in den Steinchenbehälter und wurde jedes Mal freudig dabei unterstützt. In der Nacht schlief ich wieder in dem ersten Raum, denn da war die kuschelige Decke. Die Tür war wieder geschlossen, und weitere Erkundigungen somit ausgeschlossen. Na, egal, ich war sowieso müde von dem interessanten Tag. Als ich gut ausgeschlafen hatte, strotzte ich vor Unternehmungsdrang. Alle Türen fand ich geöffnet vor und ich marschierte stolz heraus. Diesmal bemerkte ich eine Treppe. Sollte ich die hochgehen? Was erwartete mich dort? Das Mädchen lockte mich. Sie ging die Stufen langsam hoch, drehte sich zu mir um und rief mich. Wie nannten die mich? Frenzy? Hm, komisch, meine Mutter hatte mir keinen Namen gegeben. Ach egal, sollte mich das Mädchen nennen wie sie wollte. Ich mache eh nur, was ich möchte. Oben angekommen, gab es wieder etliche Räume zu inspizieren. Meine nächsten Tage waren ausgefüllt mit der Erkundung des Hauses. Es war einerseits sehr interessant, andererseits aber auch langweilig. Ich brauchte nicht mehr im Keller schlafen, ich konnte mich jetzt hinlegen wo ich wollte. Am liebsten waren mir die Betten. So etwa Weiches kannte ich bis dato nicht. Meine Geschäfte machte ich aber weiterhin unten im Keller. Bald wurde es mir im Haus einfach zu eng. Obwohl es anfangs viel zu sehen und bestaunen gab, vermisste ich immer mehr die frische Luft, die freie Natur und auch lebende Beute. Ich konnte meinen Jagdtrieb, meine Instinkte zwischen den Mauern nicht ausleben. Deshalb setzte ich mich auf die Fensterbänke oder vor die Terrassentür und maunzte meine Menschen an. „Hey, versteht doch, ich muss raus! Ich bin nicht fürs Haus geboren, lasst mich an die frische Luft!" Irgendwann hatte ich sie soweit. Die Frau band mir einen,- iiih wie hässlich-, rosa Gürtel um den Hals und machte die Terrassentür auf. Wie der Blitz schoss ich in den Garten. Ah, endlich wieder den Wind um die Schnauze spüren und die Sonne das Fell erwärmen lassen. Ach wie schön, da hoppelte noch ein Kaninchen auf dem Rasen herum. Das hatte ich schon mal im Haus gesehen. Gehört anscheinend mit zur Familie. Wie berauscht durchquerte ich den Garten und besuchte jeden Strauch, jeden Busch. Auch hier, alles meins, mein Revier. Nirgendwo Duftmarken anderer Artgenossen. Was hatte ich doch für ein Glück. Nur Nahrung fand ich hier nicht. Ich dehnte meine Touren aus. Wenn ich müde war oder Hunger hatte, kehrte ich spät zur Familie zurück. Wieso war die Tür nicht offen? Ich kraxelte herum und fand oben ein Fenster, das ein Stück offen stand.

Bei meinen Ausflügen lernte ich immer mehr nette Leute kennen, die mir die Türen öffneten. Ich legte mich dann dort schlafen, wenn ich müde war. Warum sollte ich zu den Menschen zurück, die mich vom Bauernhof geholt hatten? Bei den anderen Leuten kann ich ja auch schlafen, fressen und trinken. Hier geht es um mich. Ich folge meiner Bestimmung und das ist jagen und Freiheit genießen. Mir wurde das Revier zu eng, ich weitete es immer mehr aus. Meine Güte, noch keine Duftmarken, wie herrlich, das alles gehörte mir. Ist alles meins, mein Territorium.

Nach einiger Zeit brauchte ich etwas Pause und Ruhe und kam bei fremden Menschen unter. Hier ließ ich mich erst mal eine Weile verwöhnen. Sie gaben mir Fressen, Trinken und eine gemütliche Schlafstatt. Ich verstand nur nicht, warum sie mir das eine Band abmachten und ein anderes umbanden. Was sollte dass denn? Mir aber egal, es behinderte mich ja nicht beim Herumstreifen, denn Gott sei Dank war es nicht fest um meinen Hals gebunden. Ich wollte mich einige Zeit bei der Familie ausruhen, um dann neue Erkundigungsgänge zu starten. Wie groß würde mein Revier überhaupt sein? Doch plötzlich nahm mich der Mann hoch, setzte mich in einen Karton und ich spürte, dass ich mich in einem Auto befand. Ich wurde hin und her geschüttelt. Nach kurzer Zeit war die Fahrt schon beendet. Dann, ja dann roch und hörte ich Artgenossen. Es wurde hell als der Deckel abgenommen wurde. Wieder packte man mich am Kragen und setzte mich in einen Raum in dem sich viele andere Katzen befanden. Argwöhnisch begutachteten sie mich. Ich hatte Angst. So viele fremde Artgenossen in so einem kleinen Raum. Eine freundliche Frau kam und zeigte mir wo sich Näpfe mit Fressen und Wasser befanden. Zuerst suchte ich ein Versteck, aus dem ich alles beobachten konnte. Schließlich musste ich mir einen Überblick verschaffen was hier los war. Einige Katzen waren für sich, andere schlossen sich in kleinen Gruppen zusammen. Nein, das kommt für mich nicht in Frage. Ich teile doch mein Fressen nicht mit anderen. Die Umgebung war total ungewohnt für mich. So eine Enge hatte ich noch nie erlebt, so viele Artgenossen auf einen Haufen. Hier galt es sich durchzusetzen, zu zeigen wer Kampfes- und Siegeswillen hat. Nein, ich ließ mich nicht unterkriegen. Ich beobachtete viel und kannte nach und nach die Strukturen hier im Haus, wem ich besser aus dem Weg ging und wem gegenüber ich dominant auftreten konnte. Alle sind meine Fresskonkurrenten. Musste ich hier mein Leben verbringen, wo ich die Weite gewohnt war? Nein, hier wollte ich nicht bleiben. Irgendwie musste ich versuchen rauszukommen! Ich bemerkte, dass ab und an eine Katze plötzlich fort war. Wie sind sie entkommen? Das musste ich herausfinden! Ich war rast- und ruhelos, ich wollte alleine sein. Sprach mich jemand an, wurde ich kratzbürstig, wütend und biss auch. Ich bekam einen Koller,- heißt, das Lagerkoller? Die Frauen hier waren sehr nett zu mir, aber ich war mit der Gesamtsituation überfordert, und konnte und wollte auf die freundliche Art nicht eingehen. Meine Sinne standen auf Fortlaufen. Irgendwie schienen die Frauen gemerkt zu haben, dass ich mich in dem Katzenhaus nicht wohlfühlte. Eines Tages kam ein junger Mann, lächelte mich an, setzte mich in einen Käfig und los ging's. Am Ende der längeren Fahrt nahm ich Gerüche und Laute war, die mich zu Tränen hätten rühren können, wenn ich eine Mimose gewesen wäre. Ich bin in einer Umgebung angekommen, die meiner Kleinkindzeit sehr ähnlich war. Ich hörte bekannte Tierstimmen, sah Felder und einen großen Bauernhof. Endlich wieder daheim! Endlich angekommen! Wo ich machen konnte was ich wollte, wo ich so leben konnte wie meine Mutter mich das lehrte. Viel ist in meinem so kurzen Leben geschehen. Hoffentlich kommt jetzt Ruhe und Konstanz in mein Leben! Wehe mich reißt hier wieder jemand heraus!

Jetzt könnt ihr wohl verstehen, dass ich keine Kuschelkatze bin und dafür auch nicht geboren wurde. Mich hat man einfach aus meinem Milieu gerissen, ohne an mich zu denken.

Liebe Mensche, erst denken, dann handeln, oder wie wäre es für euch, wenn ihr von eurer Familie, eurem Umfeld getrennt würdet und z. B. allein im Dschungel überleben müsstet. Denkt mal darüber nach, was ihr Tieren alles antut. Auch wir haben Gefühle und eine Seele.

Ein „**miau**" von der wieder glücklichen

Frenzy

Stubsi

Jetzt möchte ich mich mal zu Wort melden, nach dem ihr die Geschichte aus der Sicht meines kurzfristigen Besitzers geschildert bekamt.

Ihr müsst wissen, dass ich ganz früh meiner Mutter und meinen Geschwistern entrissen wurde. Mein Zuhause war ein großer Stall, in dem viele Tiere wohnten. Außer meiner Familie gab es noch viele andere Kaninchenfamilien. Ich hörte aus meinem Strohlager auch das Schnauben, Prusten, Wiehern größerer Tiere. Meine Geschwister und ich hatten Angst vor diesen und noch vielen anderen Geräuschen die wir nicht kannten. Mama beruhigte uns immer wieder und erklärte uns die diversen Laute. Es kamen auch viele fremde Klänge von außerhalb des Stalles, wenn die Bauernfamilie den Trecker, Heu- oder Gabelstapler anließen und wegfuhren. Es konnten aber auch die Kinder sein, die auf dem Hof spielten und ab und zu in den Stall kamen, um uns zu Besuchen. Mama erläuterte uns den Unterschied zwischen Gebell, Gewieher und Gemaunze. Bald zuckten wir auch nicht mehr zusammen, wenn der Regen aufs Dach prasselte, der Wind durch und um den Stall heulte. Nur bei Gewitter drückten wir uns eng an unsere Mama. Da fühlten wir uns sicher und geborgen. Beruhigend für mich war es dann auch, wenn ich an einer Zitze mümmeln konnte. Hm, das war herrlich, einschläfernd!

Viel Abwechslung gab es für uns nicht. Wir waren ja noch so jung und brauchten unsere Mutter. Ohne ihre Milch konnten wir nicht groß und stark werden.
Aus anderen Heustellen hörte ich das Schmatzen vieler kleiner Schnäuzchen, die eifrig an den Zitzen ihrer Mutter saugen. Manchmal hörten wir es hoppeln, plumpsen und eine Kaninchenmutter eines ihrer Kinder zur Ordnung rufen. Merkwürdiger Weise gab es nach einiger Zeit wenig Kaninchenjunge in unserem Stall, obwohl ich anfangs viele gehört hatte. Aber die große Welt außerhalb meines Nestes interessierte mich noch nicht so sehr. Ich nahm meine nähere Umgebung war, aber außer Heu, Heu und nochmals Heu gab es nichts. Ich meine mal ein Schälchen mit klarer Flüssigkeit gesehen zu haben. Ob da jemand das Wasser vom Himmel auffing? Mama knabberte an verschiedenen lustigen bunten Gegenständen, die sie uns verbot, da wir noch zu klein dafür seien und Bauchschmerzen bekämen. Es war eine sehr

ruhige, friedliche Zeit. Ich erinnere mich gerne daran zurück!

Kinder schauten in den Stall, und ich hörte auch den Bauern, der ab und an einen Korb im Arm trug. Nachdem dieser die Scheune wieder verlassen hatte, hörten wir viele Kanincheneltern weinen. Leider konnte meine Mama die anderen nicht befragen was los sei, da sie sich ganz auf uns konzentrieren musste.

Meine Geschwister und ich lagen wie immer gemütlich aneinander gekuschelt im warmen Nest und spürten unsere regelmäßigen Herzschläge, als der Bauer mal wieder den Stall betrat. Seine Schritte wurden immer lauter und plötzlich hörten sie auf. Er stand vor unserem Nest. Zwei große komisch aussehende warme Gegenstände hoben mich und einige Geschwisterchen hoch und legten uns in einen engen, dunklen, harten Gegenstand, einen Korb. Was soll das? Ich will zu meiner Mama! Plötzlich fing der Korb an zu schaukeln und blieb dann wieder ruhig. Nach und nach gesellten sich immer mehr junge Kaninchen zu uns. Vor den vielen Kaninchen, der Enge, der Dunkelheit, dem Alleinsein ohne Mama fiepte ich vor Angst. Keiner beachtete oder tröstete mich. Meine Leidensgenossen hatten genauso viel Furcht wie ich. Unter den vielen Fremden konnte ich mich auch nicht an meine Geschwister schmiegen. Nur ein Bruder lag neben mir, und wir beide zitterten und versuchten uns gegenseitig aufzumuntern, was aber nicht gelang. Unser Hörsinn war jetzt besonders geschärft. Konnten wir anhand der Geräusche herausfinden, wo wir waren oder wohin es geht? Leider nein, dafür waren wir nicht erfahren genug. Unser Korb wurde hart abgestellt. Wieder kam dieser merkwürdige Gegenstand mit den vielen langen Fangarmen in mein Blickfeld und holte mich und alle anderen Kameraden aus dem dunklen Korb und gab uns in einen Käfig aus Metall. In dem war Stroh, ansonsten nichts. Da, dort in der Ecke sah ich meine Geschwister. Ich drängte mich durch die dicken verschwitzten Fellleiber und schaffte es, meine Brüder und Schwestern zu erreichen. Nun ging es mir schon etwas besser, wo ich nicht mehr so alleine war. Ich schaute mich um. Alle saßen mit ängstlichen Blicken wie erstarrt aneinander gedrängt. Es ging auch gar nicht anders, da der Käfig fast zu bersten drohte, so viele Kaninchen befanden sich hier drin. Einfach unwürdig! Vor Angst machten wir unkontrolliert Pipi ins Heu. Durch die Stäbe konnte ich sehen, wie der Bauer uns hinten in sein Auto stellte. Die Kofferraumklappe ging zu, der Wagen wurde gestartet und das Auto rumpelte mit uns vom Bauernhof ins Ungewisse. Diese Geräusche, diese Gerüche …. unbekannt und beängstigend. Mama hilf mir! Mama wo bist du? Ich fand die Fahrt unendlich lange. Dann stoppte der Wagen. Der Bauer öffnete die Klappe und holte unseren Käfig heraus. Schwankend ging es in ein großes komisches Gebäude mit vielen großen Fenstern. Der Käfig wurde irgendwo hingestellt. Männerstimmen redeten miteinander. Ein großes Männergesicht näherte sich, zeigte auf einige von uns und die Käfigklappe wurde geöffnet. Einige von uns wurden herausgenommen, darunter auch meine Geschwister. Ich war nun ganz allein mit noch einigen anderen Artgenossen. Was sollte das? Wieso wurden wir getrennt? Ich will zu meinen Geschwistern, zu meiner Mama! Plötzlich wurde der Käfig wieder angehoben, ins Auto gestellt und weiter ging die Fahrt. Beim nächsten Stopp sah ich wieder einen viereckigen Kasten mit großen Fenstern. Es begann der gleiche Ablauf wie vorher, nur mit dem Unterschied, dass jetzt alle übriggebliebenen Kaninchen, so auch ich, aufgehoben und in ein Gehege gesetzt wurden. Ich schaue mich um und erschrecke. Hier wimmelt es nur so von Kaninchen. Obwohl das Gehege groß erscheint, schrumpft die Dimension durch die Vielzahl meiner Artgenossen. Es ist schön mit Heu gepolstert. Zwei Hütten kann ich ausmachen, Schälchen mit wieder dieser klaren Flüssigkeit und einige dieser bunten Sachen, die Mama so gerne frisst. Ich möchte in einer dieser Hütten. Mir ist es hier zu laut, zu hell, zu fremd! Ich möchte erst einmal in Ruhe nachdenken. Aber, ich darf in kein Häuschen! Ältere Kaninchen, die wohl schon länger hier wohnen, schupsen mich aus dem Haus. Sobald ich mich nur in der Nähe befinde, knurren sie mich an und versuchen mich zu beißen. Es sind keine Geschwister hier, die mir helfen, keine Eltern, die mich verteidigen. Voller Angst dränge ich mich in eine Ecke. Ruhe zum Nachdenken gibt es hier nicht. Es herrscht ein Gedränge, Geschubse, Gebeiße. Die Alten diktieren uns Neulingen ihre Regeln. Sie hüpfen über uns rüber, schnappen Fressen weg, suchen sich die besten Plätze. Menschen starren mich an. Das Gehege steht vor so einer durchsichtigen Scheibe, und wir haben keine Ruhe, keine Privatsphäre mehr. Wenn ich mal schlafen möchte, klopft jemand, oder große und kleine Hände, - nun weiß ich wie man die komischen Gegenstände mit den langen Fransen nennt-, heben mich oder einige meiner Artgenossen hoch.

Kleine und große Gesichter schauen uns an. Manche lächeln, manche schreien, manche reden in einem netten Tonfall zu uns. Wir werden gedrückt, auf den Rücken gelegt, an den Pfoten gezogen, dem Schwanz gezusselt ... würdevoll behandelt wie ein Lebewesen werden wir nicht. Das Geschrei der kleinen Menschen tut mir in den Ohren weh. Was wollen die von uns?
Nach und nach sind meine Kameraden fort, wenn Menschen uns begutachtet haben. Ich möchte nur meine Ruhe. Ich möchte zu meinen Eltern zurück! Ich möchte meine Geschwister wieder haben! Aber Wünsche werden leider keine Wirklichkeit! Ich lerne meine Lektion: der Stärkere überlebt und siegt. Also muss ich hart werden. Ließ ich mir anfangs alles von Meinesgleichen gefallen, weil sie älter und ausgefuchster waren, bemühte ich mich, ihr Verhalten zu übernehmen. Beobachtend saß ich abseits. Ich studierte ihr Gehabe und Gebaren, ihre Strategien. Es kam zu keiner Cliquenwirtschaft, jeder blieb für sich. Um möglichst schnell mitgenommen zu werden, versuchten einige besonders die Aufmerksamkeit der Menschen auf sich zu ziehen, indem sie mümmelten, sich die Ohren putzten, Sprünge machten. Kameraden mit schönem Fell wurden bevorzugt. Nach mir kamen noch viele neue Kaninchen, die vor mir

mitgenommen wurden, nur weil sie eine schöne Fellfärbung, langes Haar oder Schlappohren vorweisen konnten. Leider bin ich nur ein normales Kaninchen. An mir ist nichts Besonderes. Ich will hier nicht mehr rum sitzen, mich nicht mehr schikanieren und beißen, mich nicht mehr hochheben und begutachten lassen. Ich will hier raus! Mein Kampfgeist war geweckt. So wie ich es von den Älteren, Erfahrenen gesehen hatte, setzte ich zur Gegenwehr und Angriff an. Gewitzt biss ich mal hier und stupste da und nahm den Neuzugängen auch mal das Futter weg. Mit der Zeit bekam ich auch mit, wenn jemand ein Kaninchen kaufen wollte. Ganz bescheiden, saß ich extra von den Anderen abgesondert herum, oder ich hüpfte kleine Haken schlagend über meine Kameraden hinweg. Mittlerweile hatte ich auch den Dreh raus, mich zur passender Zeit zu putzen. Es ging darum alles zu tun, um aus diesem Gehege herauszukommen, da ich dachte, dass die fremden Menschen mich wieder nach Hause bringen würden.

Eines Tages tauchte eine Frau mit einem kleinen Mädchen auf. Sie wirkten unsicher, stellten idiotische Fragen und ließen sich schnell von dem Mann einlullen.

Meine Taktik:
klein machen = das wirkt jünger
abseits von den Anderen = das wirkt harm-
und hilflos
Schnäuzchen putzen = oh, wie süß.

Mein Glück war auch, dass ich zu dieser Zeit, das fast kleinste Kaninchen war und nicht mehr viele andere Kameraden da waren. So bestand keine große Konkurrenz für mich. Der Händler redete und redete, die beiden weiblichen Personen hörten meist nur zu. Also, viel Ahnung hatten sie jedenfalls nicht. Der Mann hob mich zum x-ten und letzten Mal aus dem Gehege und stopfte mich in einen engen Kasten mit wenigen Löchern. Sogleich überkam mich Panik. Das Mädchen nahm das Kistchen in ihre Hände und die Frau kaufte noch viele Sachen für mich, unter anderem auch ein Käfig. Himmel Herrgott, ich will nicht gefangen und eingesperrt sein, ich will herumtollen! Mehr als in mein Schicksal ergeben, konnte ich nicht. Erst einmal abwarten, war meine Devise. Wieder mal eine Autofahrt. Dann Ruhe. Vorsichtig stieg das Mädchen mit mir aus. Ich war gespannt. Kam ich jetzt endlich nach Hause? Nein, das Haus sah anders aus. Entmutigt legte ich mich in den Karton. Ich hörte ein Wuseln, fremde Geräusche, nahm unbekannte Gerüche wahr. Endlich wurde es wieder hell. Vor meiner Nase wurde vorsichtig eine Klappe hoch gemacht, und ich wurde sanft auf Stroh gesetzt. Blitzschnell schaute ich mich um und sah ganz nah ein kleines Holzhäuschen. Pfeilschnell hoppelte ich hinein. Weg von dem Licht, weg von den Menschenaugen. Endlich Ruhe! Endlich allein! Hier gab es momentan keinen anderen Artgenossen, aber ich hatte ja gelernt, dass sich die Situation schnell ändern kann. Vorsichtig lugte ich durch eines der kleinen Fenster. Vor dem Käfig saßen zwei Kinder und die Frau und schauten zu mir herüber. Nichts da, ich rühre mich nicht heraus. Ich spiele doch nicht den Clown. Erst mal schauen, was noch alles auf mich zukommt. Ich lege mich hin und schlafe, schließlich habe ich genug Aufregung gehabt. Als ich erwachte war es dunkel. Ich hatte Hunger und Durst. Da niemand im Raum war, schaute ich mich in Ruhe um. Der Käfig war schön groß, Fressen und Trinken genug vorhanden, das Häuschen wirklich nett, Stroh reichlich. Dann besah ich mir durch die Gitterstäbe das Zimmer. Groß und hell, aber wenig Gelegenheit zum Verstecken. Die Sonne ging auf und ich huschte wieder ins Häuschen, da ich das Trampeln von vielen Schritten hörte. Eine Tür ging auf und die drei

Menschen kamen mich wieder besuchen. Das kleine Mädchen hörte sich traurig an, es wollte mich gerne sehen. Pech gehabt, Kleine, freiwillig kriegst du mich nicht zu sehen, da bleibe ich hart! Die Frau erklärte ihr, dass ich mich erst an die Umgebung gewöhnen müsse. Pah!!! Nicht nach dem, was ich schon alles mitgemacht hatte. Mir wurde neues Fressen in den Stall gestellt und die Drei verließen leise wieder den Raum. Das Spielchen spielten wir einige Tage. Ich fraß nachts und lief durch den Käfig und versteckte mich tagsüber im Häuschen. Das Mädchen wurde immer trauriger. Eines Tages riss man mich plötzlich aus dem Schlaf. Wurde doch tatsächlich meine Intimsphäre gestört und einfach das Häuschen hochgehoben! Schwupps, verfiel ich in meine Rolle als einsames, ängstliches Häschen und wurde wieder alleine gelassen. Nach einigen Tagen war die Traurigkeit in der Stimme des Mädchens verschwunden. Sie hörte sich jetzt wütend und sauer an. Wieder wurde mein Haus hoch genommen, diesmal aber nicht nur hoch, sondern ganz weggenommen, die Tür des Käfigs stand offen. Was sollte ich tun? Also raus, so schnell es ging und ein Versteck suchen. Ich hoppelte durch das ganze Zimmer, fand aber nichts, wo ich mich verstecken konnte. Es fing an, mir Spaß zu machen längere

Strecken zu hoppeln, ohne an Käfiggrenzen zu
stoßen. Sogar hochspringen konnte ich. Die
Menschen hatten genügend Gelegenheiten für
mich aufgebaut. Ach, und dann sollte ich wieder zurück in den Käfig? Gut, fürs erste habe
ich auch genügend Auslauf gehabt. Ich muss
auch schauen, wie die Menschen reagieren. Vielleicht bekomme ich noch andere Artgenossen.
Nach einiger Zeit merkte ich, dass das ganze
Revier für mich allein ist. Nachdem ich die Weite meines Auslaufes genießen durfte, hatte ich
keine Lust mehr, in die Enge des Käfigs zurück zu gehen. Freiwillig, nein! Da mussten
mich die Menschen erst einmal fangen. Wilde
Jagden begannen, in denen ich meine Ausdauer
und Schnelligkeit üben konnte. Man weiß ja
nie wofür. Wenn sie mich erwischt hatten,
strampelte und biss ich. Nach einiger Zeit
merkte ich, dass die Menschen langsam Angst
vor mir bekamen. Gut so, dann konnte ich denen mal zeigen, wer wirklich der Herr im Haus
ist. Später hielten sie mich mit harten Dingern
um die Hände fest. Da konnte ich beißen, sie
schrien nicht mehr auf. Vielleicht hatte ich sie
jetzt so weit, dass sie mich laufen ließen, weil
sie die Nase von mir voll hatten. Und tatsächlich, mit dem Käfig in der Hand,- ich hatte
mich natürlich gekränkt in das Holzhaus zu-

rückgezogen-, ging es zum Auto und wir fuhren los.

Es war schönes Wetter, das Fenster einen Spalt offen und ich schnupperte in die Luft. Zuerst roch es noch nach Stadt, Staub, Gummi und diversen anderen Gerüchen, die ich nicht mochte. Doch je länger die Fahrt dauerte, desto besser wurde die Duftnote. Ich unterschied den lieblichen Duft von Blumen und frischem Gras. Geräusche drangen an meine Ohren, die ich schon längst vergessen hatte. Mein kleines Herz hüpfte. Das Auto hielt an, die Klappe geöffnet, und eine große schwielige Hand holte mich unter dem Haus hervor. Vor Schreck konnte ich nicht beißen. Jetzt hörte ich Pferde wiehern, Katzen miauen, einen Hund bellen. War ich wieder zu Hause? An die Gerüche und Geräusche konnte ich mich plötzlich wieder erinnern. Bilder aus meiner Kindheit stiegen in mir empor. Ich wurde plötzlich ruhig und friedlich. Der Mann, dem die Arbeitshand gehörte, brachte mich in einen Stall und setzte mich vorsichtig auf den Boden. Ich fühlte Heu unter meinen Pfoten, roch das frische Stroh. Genau wie früher! Viele Kaninchen aller Altersklassen wimmelten um mich herum. Es war zwar nicht mein Elternhaus, aber dem sehr ähnlich. Sogleich kamen einige Artgenossen neugierig auf mich zu. Mich überströmt ein Glücksgefühl. Endlich wieder zurück in Freiheit! Es schließt sich der Kreis. Hatte ich es mit meinem aggressiven Verhalten geschafft die Familie so zu manipulieren, dass sie mich wieder fortbrachten? Im Gespräch mit den anderen Kaninchen stellte sich heraus, dass ich mit meinen Besitzern wirklich Glück gehabt hatte. Sie sorgten sich bis zum Schluss um mich. Wollten trotz meines negativen Verhaltens das Beste für mich, fühlten sich in meine Psyche ein. Andere Menschen hätten mich einfach ausgesetzt, irgendwo abgegeben, an Schlimmeres mag ich gar nicht denken.

Hiermit möchte ich mich in aller Form bei den netten Menschen bedanken und entschuldigen. Ich habe zwar nicht meine alte Familie wieder, aber mein altes Leben. Ich bin wieder dort angekommen, wo ich hingehöre.

Ich wünsche dem kleinen Mädchen von ganzem Herzen, dass sie ein Kaninchen bekommt, was sie verdient. Sie ist so ein nettes Kind.

Ich danke euch!

    Stubsi

Blacky

Bevor ich euch meinen Lebensweg schildere, möchte ich mich zuerst bei meinen Menschen bedanken. Es sind freundliche, herzliche Menschen, die sich sehr um mein Wohl gekümmert haben. Liebevollere Besitzer hätte ich nicht finden können. Sie lasen mir eigentlich jeden Wunsch von den Augen ab. Nur eins, ich hätte gerne noch einen Spielkameraden gehabt. Dazu später mehr. Euch erst mal lieben Dank für die glücklichen Jahre.

Wie kommt man zu einer bestimmten Familie? So genau weiß ich das auch nicht. Für mich war es ein Segen, dieses nette Mädchen kennen zu lernen und es fast elf Jahre begleiten zu dürfen. Wir brauchten einander. Jeder gab dem anderen etwas von sich, und so wuchsen wir beide heran und wurden stark und selbstbewusst.

Eigentlich war es ein reiner Zufall, dass der Bauer mich aus meinem warmen weichen Nest, umgeben von meiner Mutter und meinen Geschwistern, herausholte. Ich meine aber, Zufälle gibt es nicht. Es sollte so sein. Das Schicksal verband uns miteinander. Melody war in einer Phase, in der es ihr gesundheitlich und psychisch nicht gut ging, und ich war ein kleines Würmchen, das Liebe, Schutz und Fürsorge brauchte.

Wie schon gesagt, lag ich angekuschelt an meine Familie im Nest und schlief, als mich eine große Hand sanft weckte. Ich wurde hochgenommen und in eine Handfläche gelegt. Sie war auch schön warm, aber leider schwielig und rau. Ich hörte die Stimme des Bauern, spürte den Wind in meinem Fell, und nahm Gerüche und Geräusche auf, die ich nicht kannte. Irgendwie hatte ich aber keine Angst. Ich hörte eine freundliche Stimme, und wurde in etwas kleines Weiches gesetzt. Eine weibliche Hand. Leider konnte ich mich nicht umschauen, da meine Augen noch nicht ganz aufgingen. Die Stimme der Frau klang nett und liebevoll. Ich fühlte mich wohl. Mit einer Hand wurde ich die ganze Zeit zugedeckt, damit ich nicht fror. Ab und an wurde ich sanft gestreichelt. Hm, wie gemütlich! Ich schlief ein. Plötzlich wurde ich wach, als ich in der Hand hin- und hergeschaukelt wurde. Wieder hörte ich Stimmen, weibliche. Ganz vorsichtig legte man mich in kleine Hände. Es fühlte sich an, als ob ich in einem Nest läge. Ein schriller Schrei folgte. Aua, das tat meinen Ohren weh! Bös hat der Schrei nicht geklungen, eher freudig. Verschieden große Gesichter beugten sich über mich. Etwas schüchterte mich das schon ein, so fremd, so nah, und ich hatte keine Rückzugsmöglichkeit. Mit großen Augen schaute ich hoch. Ich lag in den Händen eines kleinen Mädchens, das mich anlächelte und ganz lieb zu mir sprach. Leider verstand ich noch nicht die Menschensprache. Ich war noch zu klein. Eine ganze Weile wurde ich liebevoll getragen, angeschaut, gestreichelt und mit mir gesprochen. Dann setzten mich die kleinen Hände in weiches duftendes Stroh. Ich schaute mich um. Das ist also mein neues Zuhause! Der Käfig war schön groß, mit leckerem frischen Heu befüllt. Schnuppernd hoppelte ich an einige Steine? heran. Es stellte sich heraus, dass sich in dem einen Trockenfutter, in dem anderen frisches Gemüse und in dem dritten Wasser befand. Ach, hatte ich Hunger! Das fiel mir erst jetzt auf, nachdem sich die erste Aufregung gelegt hatte. Nach der Knabberei schaute ich mich weiter um und sah ein kleines Häuschen. Außerdem bemerkte ich, dass die Käfigtür offen stand. Wenn ich wollte konnte ich heraushüpfen. Aber nein, ich wollte erst mal Ruhe, ich wollte nachdenken. Ein Junge, ein kleines Mädchen und die Frau saßen in der Nähe, schauten zu mir herüber und sprachen miteinander. Natürlich über mich. Ich fühlte mich geschmeichelt. Ein wenig hoppelte ich herum, schaute kurz ins Häuschen und legte mich dann mitten in das frische Stroh. Vor Erschöpfung schlief ich ein. Als ich erwachte, schaute ich mich verwirrt um. Wo bin ich, wo sind meine Eltern und Geschwister? Ich wurde traurig. Ich bin allein! Doch da nimmt mich eine kleine Hand ganz vorsichtig aus dem Käfig und streichelt mich. Sogleich fühle ich mich wesentlich besser. Das Mädchen spricht mit mir, setzt mich auf ihren Pullover und hält mich sanft fest. So können wir uns ins Gesicht und in die Augen schauen. Stumm stelle ich mich vor.

Die nächste Zeit war sehr ereignisreich für mich. Ich lernte nach und nach weitere Mädchen kennen, Freundinnen von Melody. Alle gingen mit mir respektvoll um. Liebevolle Zuwendung, sauberer Stall und Auslauf bekam ich genug.

Als ich noch klein war, durfte ich nur in Melodys Zimmer herum hoppeln. Da gab es aber genug zu erkundigen. Wie schmeckte eigentlich Tapete, war der Papierkorb vor meinen Zähnen sicher? Und was waren das bloß für lange, dünne, weiße und schwarze Schlangen, die sich am Boden bis an die Wand schlängelten? Da

Melody mich immer wieder davon wegholte, lernte ich im Laufe der Zeit, diese in Ruhe zu lassen und meine Neugier in dieser Richtung einzustellen. Ich durfte eigentlich alles, was ich aber nicht ausnutzte. Warum sollte ich aufs Bett machen oder etwas fressen, von dem ich wusste, dass ich mein kleines Mädchen damit traurig machen würde? Sie sollte sich an mir erfreuen, umso mehr Liebe bekam ich zurück. Mir wurde viel Aufmerksamkeit geschenkt. Ich wurde beobachtet, ob mir was fehlte oder wie es mir geht. Gern saß ich auf dem Oberbauch oder dem Schoß meiner Menschen und ließ mich streicheln und kraulen. Ich merkte, wie meine Wärme, mein Schnüffeln, meine ruhige Atmung, einfach mein Dasein die Menschen ruhiger werden ließ. Wir bildeten fast eine Symbiose. Der eine profitierte vom anderen. So lieb, nett, fürsorglich und aufmerksam meine Menschen auch waren, mir fehlten Spielkameraden. Wenn die Familie aus dem Haus war, saß ich ganz allein in meiner Behausung und hatte viel Zeit zum Nachdenken. Alles was mir Gutes getan wurde, hatte mit Liebe, Nachdenken und Nachfragen zu tun. Leider wurde ihnen erst zu spät klar oder mitgeteilt, dass ich Artgenossen zum Spiel bräuchte. Da war ich aber schon alt, und es war mir dann doch schon ziemlich egal. Ich hatte mich damit arrangiert, dass meine Menschen und die nette schwarze Katze meine Spielkameraden waren, aber leider nur zu ihren Zeiten.

Als ich älter und somit auch größer war, wurde ich in einen Garten getragen und ins frische Gras gesetzt. Nein, war das herrlich! Diese Gerüche, hm, lecker! Ich genoss es, in Freiheit den Garten zu erkunden. Beim Wasserspiel beobachtete ich das herunter rinnende Wasser. Wenn ich Durst hatte, hoppelte ich dorthin und trank davon. Frisches Grün, Blumen und vor allem Löwenzahn schmeckten einfach wunderbar! Mein Geschäftchen konnte ich machen wo ich wollte. Die warme Jahreszeit genoss ich sichtlich. Damit mir kein Leid geschah, waren immer die Kinder oder die Erwachsenen auf der Terrasse. Gerne spielte ich mit den Mädchen verstecken oder fangen. Ha, gekriegt hat mich keiner. Ich konnte super Haken schlagen. Außerdem dachte ich mir eine Finte aus. Kamen die Kinder so nah an mich heran, dass sie mich schnappen konnten, machte ich einen Satz und weg war ich. Wollte ich mich ausruhen, legte ich mich einfach ins Gras. Das Zeichen wurde verstanden und ich wurde nicht mehr gejagt. Näherte sich der Abend oder sollte ich wieder ins Haus, riefen sie meinen Namen und sagten:" Blacky, komm, komm mit" oder so ähnlich. Ich verstand, was sie von mir wollten. Ich legte mich dann flach ins Gras und sie hoben mich auf.

Die Tage, Wochen, Jahre vergingen wie im Fluge. Als Melody noch jünger war durfte ich jeden Tag frei in ihrem Zimmer herumhüpfen. Sie schenkte mir ihre Aufmerksamkeit, Liebe, spielte und redete mit mir. Auch ihre Freundinnen beschäftigten sich mit mir. Mit den Jahren wurde sie natürlich,- genau wie ich-, älter. Sie hörte viel Musik, was ich nicht leiden konnte, da es meinen Ohren weh tat. Sie zog sich mehr zurück, redete mit ihren Freundinnen, sah vermehrt Fern und war immer öfter außer Haus. Leider kam ich deshalb auch nicht mehr jeden

Tag aus meiner Wohnung und hoppelte nur noch im Stall herum. Sie nahm mich immer weniger als Ansprechpartner. Hatte ich ihr etwas getan? Ich war doch der Gleiche wie früher! Nein, ich verstand nicht, warum sie mir immer weniger Beachtung schenkte. Ich war traurig. Wenn sie aber meinen Stall sauber machte und mir mein Futter brachte, war die alte Vertrautheit wieder da. Besonders zu der Zeit, wünschte ich mir einen Artgenossen, mit dem ich mich unterhalten und spielen konnte, wie **ICH** wollte. Melodys Mama erkannte, wie verlassen und traurig ich mich fühlte. Sie holte mich so oft sie konnte aus dem Stall und ich durfte sogar im Wohnzimmer laufen. Dort gestaltete es sich etwas schwer, da meine Pfoten auf den glatten Fliesen keinen Halt fanden. Hierfür fand sie gleich Abhilfe, indem sie Decken und Handtücher auf den Boden ausbreitete. So hatte ich wieder meinen gewohnten Auslauf und lernte im Alter sogar noch Teile des Hauses kennen, die ich vorher nie zu sehen bekommen hatte. Es machte riesigen Spaß auf die Sofas zu hüpfen und die Welt von oben aus zu besichtigen. Mir wurden manchmal auch verschieden große Kartons als Verstecke angeboten, oder Kissen oder Kuscheltiere. Besonders liebte ich Bälle und Luftballons. Denen hüpfte ich hinterher und konnte an ihnen mein sexuelles Verlangen befriedigen. Schnief, nie habe ich eine weibliche Artgenossin gehabt. Nie konnte ich mal so richtig rammeln! In der Hinsicht war ich wirklich sehr einsam. Da können mir kein Mensch, kein liebes Wort, kein leckeres Futter, keine Fürsorge und keine Liebe helfen. Meinen Sexualtrieb konnte ich nicht ausleben. Die Bälle waren nur Mittel zum Zweck, ein mickriger Ersatz, leider!

Wenn ich im Wohnzimmer herumhoppelte, gesellte sich meist eine schwarze Katze zu mir. Sie war wirklich sehr nett. Sie legte sich zu mir auf die Decke und beobachtete mein Tun. Leider verstanden wir uns nicht, da jeder seine eigene Sprache hatte. Aber auch ohne Worte wusste ich, dass sie mir Gesellschaft leisten wollte, damit ich nicht so alleine sei. Wirklich sehr sympathisch. Auch als ich im Freien herumtollte, hockte sie sich zu mir ins Gras oder schaute von einem Mäuerchen herunter und beobachtete, was ich so trieb. Einen Kater gab es auch noch in der Familie, aber mit dem war nicht gut Kirschen essen. Auf den musste ich aufpassen. Der schlich sich gerne von hinten heran und wollte mich beißen. Nein, der war mir nicht geheuer! Aber Minka, die schwarze Katze und meine

Familie passten auf mich auf, so dass ich mir keine Sorgen wegen des Katers machen musste.

Da ich so gut gepflegt und ernährt wurde, entwickelte ich mich zu einem gesunden Kaninchen. Im Laufe meines Lebens war ich nie krank, ich schwöre. Es ging mir immer gut. Selbst im Alter,- mein Fell färbte sich insgesamt grau-, war ich noch topfit und sah jünger aus, als ich wirklich war. Wer kann das schon von sich behaupten? O.K., ich hüpfte nicht mehr so wie in jungen Jahren und Haken schlagen taten mir auch nicht mehr gut, aber ansonsten war alles in Schuss. Bis,- ja, bis ich eines Tages merkte, dass sich mein Unterbauch dicker anfühlte. Es war wie ein Beutelchen das sich bildete und in diesem war etwas drin. Schmerzen hatte ich keine, nur das gewohnte Liegen ging nicht mehr so gut. Ich musste versuchen, eine andere Position einzunehmen. Schnell wurde der Beutel größer und hing zwischen meinen Hinterbeinen herunter. Wie gesagt, es tat mir nichts weh, er war nur unwahrscheinlich hinderlich und lästig. Melody und ihre Mama fuhren mich mit meiner Behausung zu einem Tierarzt. Eine fremde Frau untersuchte mich, drückte hier, tastete da und streichelte mich viel. Es schmeichelte mir, dass man mich für jünger hielt. Ich hatte mich eben gut gehalten. Im nächsten Monat wollte ich meinen 11ten Geburtstag feiern. Zu Geburts- oder Festtagen gab es zusätzlich eine meiner Lieblingsspeisen oder eine neue Leckerei. Jedenfalls fuhren wir wieder nach Hause. Meine beiden Mädchen waren still und wirkten traurig. Was sie wohl hatten? Ich fühlte mich putzmunter und futterte erst mal nach der Aufregung. Schließlich hatte ich noch nie eine Tierarztpraxis gesehen. Biiih, die vielen Gerüche anderer Tieren, die vielen fremden Geräusche, und was weiß ich noch was. Das wollte ich schnell vergessen. Die nächsten Tage vergingen so wie ich es gewohnt war, mit fressen, schlafen, Auslauf, Katzenbesuch, liebevolles Streicheln auf dem Arm oder Schoß.

Wie an jedem Morgen verabschiedete sich die Mutter von mir, bis wir uns abends wiedersehen würden. Melody nahm mich wieder mit meiner Behausung ins Auto. In den letzten Jahren habe ich mein Häuschen, die Ruhe und Abgeschiedenheit darin, lieben gelernt. Schwupps, verschwand ich darin! So entging ich erst mal dem, was kommen sollte und ich nicht beeinflussen konnte. Uff, ich roch es schon, wieder beim Tierarzt! Ja, was sollte ich denn hier? Wollte die Ärztin meinen lästigen Sack entfernen?

Das wäre gut, da er mich nämlich immer mehr beim Liegen und Hoppeln beeinträchtigte. Er war schon ziemlich schwer, was ich da mit mir rumschleppen musste. Hey, dann kam ich wieder herumhüpfen und wieder besser im Heu schlafen. Ja, das wäre toll! Melody sagte mir: "Thüss" und dass sie mich nachmittags wieder abholen würde. Ich freute mich schon darauf, obwohl ich auch Angst hatte, was mit mir geschehen würde. Außerdem mochte ich die kalte, fremde Umgebung nicht. Diese Gerüche, einfach ekelhaft! Warme Frauenhände holten mich aus meinem Häuschen. Es wurde einfach hochgenommen. Das ist gemein, aber freiwillig wäre ich auch nicht herausgekommen. Ich ergab mich in mein Schicksal, ich wusste nicht, was man mit mir machen wollte. Alles sollte nur schnell vorbei gehen, damit ich endlich wieder nach Hause konnte.

Die Frauenhände setzten mich auf einen kalten Tisch, hielten mich aber weiterhin fest. Plötzlich tat mir mein Bein weh. Was sollte das? Was war da los? Aua, das fühlte sich an, als wenn ein Dorn in meiner Haut stecken würde. Von der Stelle breitete sich eine Wärme aus. Ich bin so müde, ich möchte nur noch schlafen, ich muss schlafen …. ich schlafe. ……… Irgendwie ist mir komisch. Ich kann nicht denken, mir ist ganz anders! Mein Herz!!!! Was ist los, hm_____

    Auch wenn ich gehen musste, bin ich immer bei euch. Ich werde euch nie vergessen, besonders meine Melody nicht.

„Wenn ihr mich sucht, sucht mich in euren Herzen. Habe ich dort eine Bleibe gefunden, werde ich immer bei euch sein."
(Rainer Maria Rilke)

Bitte behaltet mich lieb und vergesst mich nicht.

P.S.: Ich habe hier viele Freunde zum spielen und das sind nicht nur Kaninchen. ☺ Mir geht es gut. Wir werden uns wiedersehen.

Minka

Auch ich soll hier zu Wort kommen, doch ich weiß gar nicht so recht, was ich erzählen soll. Mir liegt es nicht im Mittelpunkt zu stehen. Könnt ihr mir nicht einfach Fragen stellen, dann ist es für mich leichter.

Frager: Kannst du dich noch daran erinnern, wieso du ins Katzenheim gekommen bist?

Minka: Nein, das kann ich nicht mehr. Ich war damals noch zu klein. Sicher vermisste ich eine Mutter, die nur für mich da war, die mich lieb hat und umsorgt. Aber ich fühlte mich im Katzenhaus mit den vielen Kameraden auch ganz wohl. Ich hatte immer jemanden zum spielen. Wenn ich Ruhe wollte, zog ich mich eben zurück. Abwechslung war genug gegeben.

Frager: Wieso hast du dich gerade für diese Person entschieden? War das eine spontane Entscheidung? Gefiel dir etwas besonders an ihr?

Minka: Ich beobachtete generell jeden, der damals unseren Raum betrat. Ich kam gut mit den dortigen Verhältnissen zurecht und fühlte mich auch wohl. Immer wieder schauten Leute bei uns herein, sprachen mit uns, begutachteten uns und einige Bekannte gingen dann auch mit ihnen mit. Wenn wir Katzen unseren Menschen aussuchen, dann ist es für immer, eine Gemeinschaft fürs Leben. Wir entscheiden nach Gefühl, wir wissen automatisch wer zu uns gehört, wenn wir den Menschen sehen. So fiel mir auch sofort die weibliche Person auf, weil sie eine freundliche Stimme hat und es sich gleich eine herzliche Aura im Raum ausbreitete. Ich hörte, wie sie von ihrer ersten Katze sprach. Was sie sagte, gefiel mir. Von einer Ecke im hinteren Teil des Raumes beobachtete ich sie. Dieser Mensch wirkte trotz seiner fröhlichen Art verloren und einsam. Ich registrierte das Verhalten, die Mimik, sah die Unsicherheit, die Unentschlossenheit, die Hilflosigkeit. Ich sah einen Menschen, der viel Liebe geben kann, der sich selber nicht wirklich kennt … ein Suchender. Deshalb entschloss ich mich, mein Leben mit dieser Frau teilen zu wollen. Jeder von uns beiden hat viel zu geben und kann von dem anderen lernen. So wie sie wirkte, wusste ich einfach, dass wir für einander geschaffen sind, dass wir zueinander gehören, dass ich ein gutes Leben haben würde. Deshalb, um auch ihre Reaktion zu erfahren, bin ich langsam zu ihr hingegangen, während ich sie dabei nie aus den Augen ließ. Vielleicht hatte ich mich ja auch ob ihres Wesens geirrt, was ich aber nicht glaubte. Es war schön, mich auf ihren Schultern niederlassen zu können. Gleich kam ein Gefühl der Wärme, der Vertrautheit, des Wohlgefühls auf. Und wie sie sich gefreut hat, als ich zu ihr kam. Die Augen strahlten und füllten sich mit Tränen vor Glück. Die liebevolle Art mit mir zu reden, all das zeigte mir, dass ich mich richtig entschieden habe.

Frager: Bist du dann gleich mit nach Hause genommen worden?

Minka: Nein, ich war etwas krank und sollte auch noch geimpft werden. V. besuchte mich aber fast jeden Tag. Wenn ich ihre fröhliche Stimme hörte, ging ich ihr entgegen. Es war schön mit ihr zusammen zu sein. Sicher war ich traurig, wenn sie wieder ging, aber ich wusste, ja, dass wir bald für immer zusammen sein würden.

Frager: Wie empfandest du es, dass noch eine andere Katze im Haushalt anwesend war?

Minka: Bei den Besuchen von V. merkte ich natürlich, dass sie sich im Allgemeinen sehr für uns interessierte. „Klein Willi" kannten wir alle, wir hatten von seinem Schicksal gehört, obwohl jeder von uns eine traurige Geschichte erzählen kann. Ich fand es sehr nett von ihr, noch einem Kätzchen ein sorgenfreies Heim zu bieten. So konnte ich mich auch um ihn kümmern, und war tagsüber nicht alleine, wenn die Familie nicht da war.

Frager: Wie verstandest du dich mit Bobby und dem Kaninchen?

Minka: Blacky war ein sehr nettes, aufgeschlossenes und freundliches Kaninchen. Wir verstanden uns sehr gut. Ich passte immer etwas auf ihn auf, wenn er frei im Haus oder Garten herum tollte. Eigentlich war es aufpassen, sondern eher ein beschützen vor Bobby. Bobby, ja, man muss ihn nehmen wie er ist. Er hat eine liebenswerte Art und ist ein ganz hübscher Kater geworden. Ich verzeihe ihm vieles, da ich ja seine Vergangenheit kenne. Deshalb versuchte ich ihn auch vor fremden Tieren zu schützen. Er ist so ängstlich und setzt sich nicht mit ihnen auseinander. So ging ich dazwischen und versuchte Missverständnisse oder Revierangelegenheiten zu klären. Damit er dann mal zeigen kann, dass er doch ein Kerl ist und kein Angsthase, forderte er mich zu Machtkämpfen heraus. Warum sollte ich ihm die Freude des Siegens nehmen, wenn sein Herz so daran hängt und er Selbstbestätigung braucht? Ich kenne sein ängstliches, unstetes Wesen, seine Unsicherheit. Es tat mir leid, sein zwiespältiges Wesen zu sehen. Zwei Seelen wohnen in seiner Brust und er kann sie nicht vereinen. Deshalb ließ ich ihm fast alles durchgehen. Nur wenn es mir mal zu bunt wurde, zeigte ich ihm: Stopp, bis hierhin und nicht weiter! Ich wollte ihm zeigen, dass ich ihm vertraute und ließ mich von ihm lecken. Doch leider wird er im Alter immer unberechenbarer und er biss mich. Das mochte ich nicht und ließ ihn stehen. Manchmal hätte ich mir ein Geschwisterchen gewünscht, mit dem ich mehr spielen, mich anlehnen und austauschen konnte.

Frager: Kannst du uns etwas von deiner Zeit in der Familie berichten? Was dir besonders am Herzen liegt, oder fallen dir irgendwelche Episoden ein?

Minka: Ach, die Zeit verging wie im Flug. Sechzehn Jahre, wie schnell sind sie vorbei gegangen. Ich kann sagen, dass wir eine schöne Zeit miteinander verbracht haben. Traurig war ich, wenn V. Urlaub machte. Dann war ich alleine. Nein, so ganz stimmt das nicht. Es waren Blacky und Bobby und die Kinder da. V. fehlte mir sehr. Zwischen uns herrschte eine starke Verbundenheit. Sie fehlte, ich war traurig und dass zeigte ich ihr dann, als sie wiederkam. Ich ignorierte sie einige Zeit, was mir selber auch weh tat. Auch bemerkte ich, wie V. unter der Trennung gelitten hatte und sie freute, wieder bei mir zu sein. Oft war sie eigentlich nicht unterwegs. Ich liebte es, den Wischmopp festzuhalten, so dauerte das Putzen immer sehr lange, weil wir beide daraus ein Spiel machten, bis einer von uns es dann beendete. Es war schön, wie sie auf meine Spielideen einließ, mitmachte und sich auch selber Neues für mich ausdachte. Nein, hervorheben kann ich nicht wirklich etwas. Alle kümmerten sich liebevoll um mich, und ich wurde eher wie ein vollwertiges Familienmitglied angesehen, denn als Haustier. Sobald ich nur mal nieste, oder nicht fraß, ging es ab zum Tierarzt. Auto fahren mochte ich gar nicht, was ich auch lautstark kund tat. Ich erinnere mich, dass ich wohl mal Hautkrebs gehabt hatte, da es mir in jungen Jahren einige Zeit nicht gut ging und ich sehr viel Fell verlor. Meine Familie kümmerte sich rührend um mich, besorgten einen Tierheilpraktiker und durchstöberten das Internet nach alternativen Heilmethoden. Ich

weiß das, weil ich dabei auf den Schultern saß. Mir wurden Heilsteine in mein Trinkwasser gelegt, das Fressen wurde umgestellt und … ich wurde gesund. Ich habe mich damals im Katzenhaus richtig entschieden. Die Familie ist warm- und gutherzig, geht liebevoll mit uns um. Ich spreche jetzt auch für Blacky und Bobby, wir haben alle Freiheiten. Uns wurde fast jeder Wunsch von den Augen abgelesen. Wir durften sogar auf und in die Betten, sogar nachts. Es wurde Rücksicht auf uns und unsere Bedürfnisse genommen. Wir bekamen abwechslungsreiches Fressen. Es wurde auf unsere Gesundheit geachtet.
Kurzum besser konnte ich es nirgendwo anders haben.
Gerne hätte ich ab und an einen adäquaten Spielpartner gehabt, denn Menschen können sich nicht in uns hineinversetzen. Ja, ich genoss die Zeit, eine andere Alternative lernte ich ja nicht kennen.

Wenn ich noch etwas sagen darf:
Es war schön, diese Familie begleiten zu können, den Weg mit ihnen eine

Strecke gemeinsam zu gehen, das Leben mit ihnen zu teilen. Ich hatte ein ausgefülltes Leben. Ich brachte diese Menschen dazu, zu erkennen, dass Tiere treue Lebensgefährten sein können, dass wir zur Gesundung,- auch der Seele-, beitragen. Es ist erwiesen, dass der Blutdruck sinkt, wenn man uns streichelt. Insgesamt wird der Mensch dann ruhiger, gelassener, stellt sich ein Wohlgefühl ein. Sie lernten, dass auch wir Zuneigung und Liebe geben, dass wir Ansprechpartner sein können, Tröster und immer für sie da sind.

Um uns Tiere zu verstehen und sich für uns einsetzen zu können, muss man selber welche gehabt haben. Es geht aber nicht um irgendwelche Tiere, sondern um die, die auch wirklich zu dem Menschen passen. **<u>Deshalb suchen wir euch aus!</u>** Wir Katzen wissen und spüren genau wohin wir gehören. Ich habe meine Aufgabe erfüllt. Leider musste ich gehen, ich finde zu früh! V. und ich waren Seelenverwandte. Wir konnten uns aufeinander verlassen,

trösten, verstanden uns blind. Wir
hingen aneinander und liebten uns.
Einer brauchte den anderen. Ich wollte
noch nicht fort, ich wollte noch bleiben,
ich kämpfte …… doch ich wurde
abberufen.

Weine nicht, denn ich bin immer bei dir!
Eines Tages werden wir uns wiedersehen!
Ich warte auf dich!
Ich liebe dich!

Die Brücke des Regenbogens

Die Brücke verbindet den Himmel und die Erde. Wegen der vielen Farben nennt man sie die Brücke des Regenbogens. Auf dieser Seite der Brücke liegt ein Land mit Wiesen, Hügeln, und saftigem grünem Gras.

Wenn ein geliebtes Tier auf der Erde für immer eingeschlafen ist, geht es zu diesem wunderschönen Ort. Dort gibt es immer zu fressen und zu trinken, und es ist warmes schönes Frühlingswetter.

Die alten und kranken Tiere sind wieder jung und gesund. Sie spielen den ganzen Tag zusammen.
Es gibt nur eine Sache, die sie vermissen. Sie sind nicht mit ihren Menschen zusammen, die sie auf der Erde so geliebt haben.

So rennen und spielen sie jeden Tag zusammen, bis eines Tages plötzlich eines von ihnen innehält und aufsteht.
Die Nase bebt, die Ohren stellen sich auf, und die Augen werden ganz groß!
Plötzlich rennt es aus der Gruppe heraus und fliegt über das grüne Gras. Die Füße tragen es schneller und schneller!

Es hat Dich gesehen.

Und wenn Du und Dein spezieller Freund sich treffen, nimmst Du ihn in Deine Arme und hältst ihn fest.
Dein Gesicht wird geküsst, wieder und wieder,

und Du schaust endlich wieder in die Augen Deines geliebten Tieres, das so lange aus Deinem Leben verschwunden war, aber nie aus Deinem Herzen.

Dann überschreitet ihr gemeinsam die Brücke des Regenbogens, und ihr werdet nie wieder getrennt sein......

(Paul C. Dahm)

Bobby

Jetzt kommt ihr an und ich soll etwas von mir erzählen?! Meine Güte, konntet ihr mich nicht befragen, als ich jünger war? Da erinnerte ich mich besser an alles, aber jetzt? Ich bin so müde, so allein, mir ist alles egal. Ich mag nicht an früher denken. Ist doch alles doof. Warum soll man sich an Schönes erinnern, wenn es doch vorbei ist!? Mich interessiert mehr was jetzt ist und die Zeit ist schlimm genug für mich.

Früher waren wenigstens noch Blacky (Kaninchen) und Minka noch da. O.K., Blacky war mehr zum Ärgern gedacht, aber Minka, ja die vermisse ich sehr. Schließlich bin ich mit ihr aufgewachsen und alt geworden. Unser ganzes Leben haben wir miteinander verbracht. Es war jemand da, mit dem man sprechen konnte, spielen, schmusen, aneinanderkuscheln, einfach jemand der mich verstand.

Was war es doch für eine schöne Zeit, unbefangen im Garten und Feldern rumzulaufen, die Gegend zu durchstreifen und ha, wie viele Tiere ich gefangen habe! Alles konnte und wollte ich nicht sofort fressen, da brachte ich sie in meine große Höhle. Außerdem wollte ich meinen Men-

schen zeigen, was ich alles kann. Sie sollten stolz auf mich sein. Warum sie mir aber oft meine Beute weg nahmen oder selber hinterher jagten, verstehe ich bis heute nicht. Da war ich ganz schön sauer. Musste ich anschließend wieder versuchen, die Mäuse einzufangen. Meistens hatte ich aber keine Lust mehr dazu. Nee, dann war mein Jagdtrieb vorbei.
Ja, Beute auflauern und fangen war und ist noch meine große Leidenschaft. Leider kann ich jetzt im Alter nicht mehr so springen, meine Knochen machen nicht mehr mit, aber Mäuse kriege ich immer noch ☺

Ich liebe es nach wie vor, draußen in der freien Natur zu sein. Rumstreifen, gucken, herrlich! Gerne liege ich auch unter Sträucher und genieße die frische Luft. Es gibt mir das Gefühl der Freiheit. Freiheit, hm, ich habe nie ernsthaft darüber nachgedacht, von meiner Familie weg zu gehen. Ich habe alles was ich brauche, kriege alles,- na ja, fast alles-, was ich möchte. Wo soll ich denn sonst hin? Nein, nein, so ist es schon gut. Besonders jetzt, wo ich älter werde, merke ich wie ich die Sicherheit und Ruhe brauche.

Ich freue mich auch immer, Menschen zu sehen. Dann laufe ich zu ihnen, um sie zu begrüßen und hoffe, dass sie mich streicheln. Viele waren aber nicht nett zu mir. Besonders die kleinen Menschen (Kinder) taten mir weh und bewarfen mich mit Steinen. Ich habe denen doch gar nichts getan! Ich wollte nur nett sein. Ich will doch nur, dass mich alle mögen.

Andere Katzen haben in meinem Revier nichts zu suchen. Die muss man vertreiben. Das hat Minka dann für mich gemacht. Ich musste schließlich meine Würde waren. So was lass ich dann erledigen. Jetzt, wo Minka nicht mehr da ist, ist es klüger abzuhauen. My home is my custle und da kommt keiner rein! Da bin ich sicher.

Ich schlafe jetzt vermehrt. Am liebsten liege ich auf einer flauschigen Decke. Tja, da haben die Menschen Pech, dann müssen sie mit dem Restsofa Vorlieb nehmen. 50 cm Platz müssen ihnen eben reichen. Und ich liebe es unter Decken und Oberbetten zu kriechen. Schön mummelig warm, wie in einer Höhle. Vielleicht sind das Kindheitserinnerungen, als ich noch als kleines Baby in warme weiche Sachen eingehüllt war. Ach, einfach nur kuschelig und beruhigend.

Gerne habe ich auch Minka geärgert. Schließlich musste sie wissen, wer der Herr im Hause ist. Das musste ich auch öfter demonstrieren. Es geht ja nicht, dass jeder macht, was er will! Obwohl sie wirklich sehr nett, freundlich und ruhig war. Mensch, die quatschte mir einfach zu viel. Da bin ich eher der ruhige Vertreter. Wenn ich da bin, dann muss man sich einfach um mich kümmern, ansonsten muss ich mir mit Nachdruck Aufmerksamkeit verschaffen. Dann lege ich mich vor meinen Menschen auf den Tisch, auf deren Zeitung, den komischen elektrischen Apparat mit laufenden Bildern, oder auf deren Schoß oder Bauch und rühre mich nicht vom Fleck. Ich setze mein unschuldigstes Gesicht auf und alle sind dann von mir begeistert. Hi, hi, ich weiß, wie man Menschen manipuliert. Bin schließlich eine Katze und ausgefuchst dazu!

Ich bin gespannt, was mich noch erwartet. Ohne Minka fühle ich mich so einsam. Den ganzen Tag ist keiner mehr da, mit dem ich spielen, sprechen, schmusen oder ärgern kann. Deshalb schlafe ich fast nur noch vor lauter Langeweile und Einsamkeit. Ich rufe und rufe, doch keiner kommt! Es ist auch sonst keiner meiner Menschen im Haus. Erst am Abend kommt Frau-

chen von der Arbeit wieder. Am Wochenende die anderen zwei. Trotzdem ist es nicht mehr so wie früher! Die Kinder sind groß und gehen ihre eigenen Wege. Die Erwachsenen werden auch ruhiger. So richtig spielen, nein, das machen sie nicht mehr mit mir. Will ich das überhaupt noch? Ich muss mal darüber nachdenken. Wenn ich meine dollen fünf Minuten habe, fitsche ich eh durchs Haus.
Ich fühle mich so allein, Blacky und Minka sind von mir gegangen. Ich glaube, ich bin im Moment so deprimiert, weil es nicht lange her ist, seit Minka tot ist, und ich noch nicht darüber hinweg bin. Ich hätte gerne jemanden bei mir, aber dann muss ich wieder die Aufmerksamkeit der Menschen teilen. Das will ich nicht. Und wer weiß, ob ich mit Demjenigen klar komme, schließlich bin ich auch nicht mehr der Jüngste. Ach, ich weiß es einfach nicht!

Die Zukunft wird es zeigen!

Quellenangabe:

Katzensprüche: tierforum.de
mietzmietz.de

Gedichte: katzen-deine-tierwelt.de

Katzenalter in Menschenjahren:
schwarzer-kater.de
welt-der-katzen.de

Katzenkrankheiten: zehn.de

Der Wunsch aller Tiere: catplus.de

Bücher: Behrend, Katrin: Die Wohnungskatze. Gräfe und Unzer Verlag

Dahm, Paul C.: The Rainbow Bridge

Deutsches Wörterbuch 1996 (Definition Zufall)
Duden (Definition Zufall)